최소한의
투자 공부

일러두기

- 본문에 나오는 엔화는 원화와 함께 표기해 독자의 이해를 돕고자 하였습니다.
- 환율은 편의상 100엔＝1000원으로 계산하였습니다.

인플레이션, 재무제표, 금리와 투자 원칙까지
주식 투자가 쉬워지는 돈의 기본

최소한의 투자 공부

고토 다쓰야 지음 • 정지영 옮김

 INVESTMENT

RHK
알에이치코리아

머리말

"일단 S&P500을 사두면 되는 거죠?"

최근 몇 년간 이런 이야기를 듣는 경우가 매우 늘었다. 스물 전후인 사람도 있고, 40~60대에 투자를 시작하는 사람도 많아졌다.

백 세 시대다. 오래 사는 건 좋은 일이지만 그만큼 노후에 쓸 생활비도 증가한다. 자산 형성에 대한 관심이 높아지는 가운데, 최근 10년 동안 주가 상승과 엔화 약세가 동반되었다. NISA(한국의 ISA에 해당-옮긴이) 등 일본 정부의 투자 촉진 제도도 계기가 되어 지금까지 가만히 있던 사람들도 움직이기 시작했다. 하지만 "뭐부터 시작해야 할지 모르겠다." "공부하기 어려워 보인다." "금융 기관에 수수료만 바치는 꼴 아니냐."라며 망설이는 사람들도 많은 것이 사실이다. SNS에서는 투자를 부추기는 듯한 정보가 넘쳐나고, 투자 사기 뉴스도 종종 등장한다.

이 책은 투자에 관심이 없던 사람들에게 알기 쉽고, 편견 없이 투자의 세계를 안내하는 것이 목적이다. 시작하기 어렵지 않고, 생각보다 많은 자본이나 시간도 들지 않는다.

투자를 통해 얻을 수 있는 것은 돈만이 아니다. 주가는 경기와 기업뿐 아니라 정치, 국제 정세, 금융정책, 테크놀로지, 자연 현상, 심지어 젊은이들의 가치관 변화 등 다양한 요소를 비추는 거울이다. 이전에는 인상적이지 않았던 뉴스도 투자 중에는 하나둘 이어져 눈에 들어온다. 그리고 투자자는 자기 돈을 맡겨서 기업과 국가를 응원한다. 세계 경제의 활동을 자기 일처럼 여기고 능동적으로 관여해 나가는 것이다. 발상력, 사고력, 리스크 감각이 연마되어 격변하는 사회를 살아가는 데 유용한 기술이 되기도 한다.

투자자들이 서로 이야기를 나누면 매우 열정적이고 재미있다. 단순히 돈 버는 이야기로 들떠 있는 게 아니라 투자의 세계가 본래 재미있기 때문이다.

이 책은 이례적인 편집 과정을 거쳤다. 나의 note(직접 창작한 글이나 그림 등을 판매할 수 있는 일본의 플랫폼-옮긴이) 회원 등 수만 명의 사람에게 원고의 일부를 보여주고, 피드백을 받아서 수정을 거듭했다. 지금까지 없던 독자의 시선이 담긴 '투자의 교과서'라고 할 수 있다. 그럼, 바로 투자의 세계를 들여다보자.

목차

 머리말   4

1 투자가 필수인 시대에 들어서다

일본 주식의 이미지가 바뀌다	15
아이폰이 동요시킨 국민 의식	19
엔화 약세 인플레이션을 겪는 디즈니랜드	24
백 세 시대의 2,000만 엔 문제	27
젊은 시절의 투자 경험이 자산을 형성하는 무기가 된다	29
투자 의의는 돈을 늘리는 데 있는 것만은 아니다	31
내가 주식을 시작한 이유	35
투자처를 고려하는 일은 경영의 유사 체험	38
칼럼 9·11 당시의 주가 이야기	42
투자란 확실한 것 없는 진검승부의 세계	46
투자는 비즈니스 마인드셋을 갈고닦는 리스킬링	48
칼럼 리스크란 무엇인가	50
투자는 어떻게 연결되어 사회에 공헌하는가?	54
은행 예금과 주식 투자의 차이점	57
변화의 시대에서 살아남는 투자	61

2 기초부터 다시 생각하자

주식이란 무엇인가?	65
주주에게는 크게 두 가지 권리가 있다	66
2022년 주식회사를 설립하다	69
매출이 오르지 않아도 성장 스토리로 자본을 모은다	72
출자를 받으면 부담감도 생긴다	74
주식 상장은 경매 사이트에 출품하는 것과 비슷하다	76
상장하면 추가 자본 조달의 길이 확장된다	80
칼럼 창업자에게 IPO란 무엇인가?	82
회사의 가치를 레스토랑으로 생각해 보자	84
주가는 현재보다 미래를 보고 결정된다	90
결산서는 비즈니스에 꼭 필요한 무기	92
다양한 이익 중에서 우선은 영업이익이 중요하다	94
업종과 기업의 특성이 영업이익률에 나타난다	96
주주에게 직결되는 순이익	100
이익 중에서 얼마를 배당으로 돌릴 것인가	102
레스토랑 경영으로 배우는 재무상태표	106
매장을 확장한 경우	112
재무상태표를 간단히 정리해 보자	115
자기 자본 비율이 높다고 좋은 것은 아니다	118
도요타와 닌텐도의 재무상태표 비교	120
칼럼 재무상태표에 없는 인적 자본	123
칼럼 팔로워도 자본이다	125
손익계산서는 플로, 재무상태표는 스톡	129
ROE의 중요성은 점점 높아진다	131

주가는 무엇으로 움직이는가?

주가를 보는 세 가지 눈   **139**

벌레의 눈 • 스튜디오 지브리의 가치를 생각해 보자   **143**

벌레의 눈 • 타당한 주가를 찾는 세 가지 지표   **150**

벌레의 눈 • 일본인이 좋아하는 배당수익률   **153**

벌레의 눈 • 고배당에는 이유가 있다   **156**

벌레의 눈 • 고배당주, 저배당주의 특징은?   **158**

칼럼   그래도 배당수익률에는 위력이 있다   **162**

벌레의 눈 • 가장 많이 쓰이는 기준 PER   **164**

칼럼   적자라도 기대가 높으면 주가는 거대해진다   **168**

벌레의 눈 • PBR, 장부의 가치와 시장의 가치   **171**

벌레의 눈 • PBR이 낮은 기업은 낭비가 많다   **174**

칼럼   PBR이 1배 이하이다=해산하라?   **177**

칼럼   도쿄 증권거래소의 PBR 1배 이하 개선 요청   **180**

벌레의 눈 • 시가총액 순위로 보는 세계 기업 판도   **183**

벌레의 눈 • 주가는 치열한 줄다리기의 결과   **186**

벌레의 눈 • 기준은 중요하지만, 그 외에도 중요한 것이 있다   **188**

새의 눈으로 보자   **190**

새의 눈 • 큰돈은 거시적으로 움직인다   **192**

새의 눈 • 봐 두어야 할 지표도 계속 변화한다   **194**

새의 눈 • 중요한 미국 경제 지표 ① 미국 고용 통계   **197**

새의 눈 • 중요한 미국 경제 지표 ② CPI   **200**

새의 눈 • 중요한 미국 경제 지표 ③ ISM   **206**

칼럼   시장 예상이란 무엇인가?   **208**

새의 눈 • 대체 데이터로 경제 예측의 정확도가 높아질 수 있다   **210**

사소해 보이는 뉴스를 새의 눈으로 파악한다   **212**

물고기의 눈 • 주가는 수급으로 결정된다   **214**

물고기의 눈 • 사고 싶은 사람이 많다는 것은?   **216**

물고기의 눈 • 전체 자금의 총량이 많아지면 투자 시장으로 향한다   **218**

물고기의 눈 • 센티멘트가 시장을 좌우한다   **222**

물고기의 눈 • 강세장은 비관 속에서 생긴다   **224**

물고기의 눈 • 공포의 바로미터 VIX   **228**

물고기의 눈 • 투자자에게는 여러 유형이 있다   **230**

물고기의 눈 • 일본 주식의 메인 플레이어 외국인 투자자   **232**

물고기의 눈 • 개인 자금에 주목해야 할 신 NISA의 위력   **237**

벌레의 눈 • 새의 눈 • 물고기의 눈을 겹치다   **242**

4 중앙은행은 금융 시장의 심장

중앙은행이 일반 시민의 관심사가 되다   **247**

중앙은행이 하는 일은 지폐의 발행만이 아니다   **249**

물가 안정을 위한 조치, 통화정책   **251**

중앙은행은 금리로 경기와 물가를 조정한다   **253**

금리 인상은 경기에 제동을 거는 일이다   **255**

금리는 경제의 체온이다   **258**

세계 중앙은행들은 2%를 물가 상승의 목표로 삼는다   **261**

일본은행이 2% 물가 목표를 도입한 것은 2013년   **263**

2% 물가, 멀게 느껴진 10년간   **267**

국채의 장기 금리를 조정하는 수익률 곡선 제어 정책   **269**

엔화 약세의 두 가지 이유   **271**

칼럼   구조적인 엔화 약세를 자극하는 일본의 무역 적자   **274**

일본의 물가는 어떻게 될 것인가?   **277**

가격 인상의 역학이 바뀌기 시작했다   **279**

급여 인상의 역학에도 구조 변화   **282**

직원이 회사를 고르는 시대가 되다   **285**

미국 FRB는 세계 금융의 중심   **288**

코로나 이후 미국의 주요 금융정책   **291**

경기가 우선인가, 물가가 우선인가   **294**

금융 시스템은 사회를 혈관처럼 둘러싸고 있다   **296**

5 투자를 시작하자

투자를 할 때 가장 먼저 중요한 것　　　　　303

주식을 시작하고 싶을 때의 기본적인 흐름　　305

저자 본인이 하는 투자　　　　　　　　　307

단기는 개인 투자자가 불리하다　　　　　310

장기는 개인 투자자가 유리하다　　　　　313

분산 투자는 왕도, 집중 투자는 고위험　　　315

국가와 통화도 분산하자　　　　　　　　316

투자신탁, 이것만은 알아두자　　　　　　318

망설여지면 S&P500　　　　　　　　　321

수수료가 높은 투자신탁이 좋다고 할 수 없다　324

시간도 분산한다　　　　　　　　　　　327

해외에 투자한다면 환율도 의식하자　　　329

SNS 정보를 그대로 믿지 말고 스스로 판단한다　332

칼럼　중요한 것은 눈앞의 주목보다 장기적인 신뢰　335

개별주 투자가 주는 배움과 재미　　　　　338

 맺음말　　　　　　　　　　　　　342

제 1 장

투자가 ↗
필수인 시대에
들어서다

일본 주식의
이미지가 바뀌다

처음은 내 개인적인 이야기로 시작해 보겠다.

대학을 졸업하고 〈니혼게이자이日本経済신문〉에 들어간 것이 2004년이었다. 〈1-1〉의 닛케이 평균Nikkei 225 주가 그림을 보자. 구직 중이었던 2003년 닛케이 평균은 버블 후 최저가를 기록해서 일본 경제는 정체감이 짙어지고 있었다.

버블 붕괴는 내가 초등학생 때다. 한마디로 뉴스에 관심을 갖게 된 후부터 사회인이 될 때까지 경제도 주가도 줄곧 정체기였다. **이 시기에는 주식이라고 하면 "손을 대면 손해를 본다." "어차피 앞으로 크게 오르지 않는다."라는 인식이 퍼져 있었다.** 그 정도로 주가가 계속 떨어지고 있으니 어쩔 수가 없었다.

그렇다면 앞으로 사회인이 되는 스물 전후의 사람은 어떨까? 이 세대는 10살 전후에 아베노믹스**Abenomics**(아베 신조 총리가 시행한 경제 정책-옮긴이)가 시작되었다. 그 후에는 기복을 보이면서 우상향을 그렸다. 주식은 하락한다는 고정관념이 약화되었다. 내가 20살 무렵에 보던 풍경은 요즘 젊은 세대에게 전해지지 않을 것이다.

주식 투자가 대중화되기 위해서는 주가 상승이 뒷받침되어야 한다. 지난 10여 년간 그런 환경이 조성되었다. 증권사마다 20~30대의 계좌 개설이 증가 추세다.

그리고 2023년에는 닛케이 평균이 3만 3,000엔(33만 원)대로 상승해 1989년 말에 기록한 사상 최고치(3만 8,915엔)도 목전에 두고 있다(2024년 12월 30일 종가 기준으로 닛케이 평균은 3만 9,894엔을 달성했다-옮긴이). 주가가 상승한 이유는 표 〈1-2〉와 같다. **굳이 한마디로 정리하자면 "정체되었던 일본 경제가 바뀔 것 같다."라는 기대감이 주식 매수를 촉발했다고 할 수 있다.**

증권업계에서는 자산 형성에 대한 사회의 인식이 과거와 달리 크게 변화하고 있다는 평가가 나온다. 이 책을 펼친 사람은 그런 분위기를 적잖이 느끼고 있을 것이다. 이 책에서는 함부로 주가 상승을 부추기거나 극단적인 투자를 권장하지 않는다. 우선 이번 장에서는 투자에 조금 관심이 있는 사람이 부담 없이 건전하고 즐겁게 투자의 세계로 들어갈 수 있도록 안내하고자 한다.

1

가격 인상·임금 인상

- -

2

일본 방문 외국인을 포함한 개인 소비의 견고함

- -

3

도쿄 증권거래소의 자본 효율·PBR 개선 요청

- -

4

워런 버핏의 일본 주식 매수 증가

- -

5

일본은행의 저금리 지속&엔화 약세

→ 외국인 투자자가 일본 주식을 대량 매수

아이폰이 동요시킨
국민 의식

앞서 언급한 주가 상승도 큰 변화지만, 아이폰^{iPhone} 가격 인상이라는 실생활과 밀접한 사건이 일본 국민의 투자 의식을 동요시켰다. 나는 종종 대학이나 고등학교를 방문해 돈에 관한 이야기를 하는데, 사람들이 가장 흥미를 보인 것이 아이폰 가격 인상에 관한 내용이다.

2022년 가을, 아이폰 14가 출시되었다. 그런데 1년 전에 나온 아이폰 13과 비교했을 때 일본에서 판매하는 가격이 크게 올랐다. 사실 미국에서는 아이폰 14가 13과 비슷한 사양으로 출시되어 가격도 동결이었다. 그럼에도 **일본에서 가격이 인상된 것은 '엔화 약세· 달러 강세'에 직격탄을 맞았기** 때문이다.

2021년 말에 110엔(1,100원)대였던 엔·달러 환율은 한때 150엔(1,500원)대를 돌파했다. 1,000달러짜리 물건을 사는 데 필요한 엔화가 11만 엔(110만 원)에서 15만 엔(150만 원)이 된 것이다.

그렇게 스마트폰의 가격은 10만 엔(100만 원)을 넘는 일이 당연해졌고, 20만 엔(200만 원)대도 드물지 않게 되었다. 은행에 10만 엔을 넣어놔도, 1년 후에는 그 돈으로 살 수 있었던 것을 사지 못할 수도 있다. 시대의 흐름이 그렇게 가고 있다.

만 엔권 10장이라는 물리적인 돈은 변하지 않아도 10만 엔으로 살 수 있는 것의 실질적인 가치는 떨어진다. 가격 인상이 거의 없다면 자산의 대부분을 은행 예금으로 예치해 놓아도 상관없지만, 지금은 그렇지 않다. "Cash is King(현금은 왕)."이라고 했던 시절도 있지만, **인플레이션 아래에서 현금은 왕이 아니다.**

알다시피 가격이 오른 물건은 아이폰만이 아니다. 닛신 식품의 컵누들, 가루비의 포테이토칩, 큐피 마요네즈 등 일본의 주요 상품이 속속 가격을 인상했다. 맥도날드는 1년 동안 여러 차례 가격을 올렸다.

특히 식품과 전기 요금 등에 영향을 주는 에너지의 가격 인상이 두드러졌다. 모두 해외 수입 의존도가 높아서 엔화 약세로 인해 수입 비용이 급격히 증가했다. 성가신 것은 에너지도 식품도 생필품이라는 점이다. 비싸다고 해서 구매를 포기하기가 어렵다.

(주) 세금 포함 가격. 아이폰 13은 발매 시의 가격. 아이폰 Pro MAX만 최상위 1TB.

(출처: Apple 공표 자료를 토대로 저자 작성)

식품 비용에는 식재료만 있는 것이 아니다. 포장재도 수입 의존도가 높고, 배송에 드는 기름값과 영업 및 제조에 쓰는 전기료도 엔화 약세의 영향을 받는다. 엔화 약세가 이어지면서 생필품이 가격 인상 압력을 받는 상황은 한동안 지속될 듯하다.

투자는 이러한 엔화 약세 인플레이션의 충격을 완화하는 대비책이 될 수 있다. 주가는 인플레이션일 때 쉽게 오르고, 외화 자산을 가지고 있다면 엔화 약세에 대비할 수 있다. 자산 가치가 늘어나는 것이다.

다시 말해 자산을 은행 예금 하나에 집중하는 것은 리스크를 안게 된다는 뜻이다. 지금까지 살펴봤듯이 예금은 엔화 약세나 인플레이션에 취약하다는 것을 인식해야 한다. 외국 주식에 투자하는 경우, 엔화 약세가 되면 엔화로 환산되는 평가액이 증가한다. **외화나 주식을 운용하고 있으면 엔화 약세나 인플레이션이 일어났을 때 보험 역할을 해 줄 가능성이 있다.** 투자는 자산을 증가시키기 위해서만이 아니라 감소시키지 않기 위한 수단으로도 효과적이다.

"큰돈을 버는 데는 관심이 없어."라며 투자를 멀리한 사람도 있을 것이다. 하지만 돈을 벌기 위해서가 아니라 미래의 생활을 지키기 위한 투자라면 검토할 만하다. **공격이 아니라 수비의 관점에서 투자의 의의를 다시 생각**하면 투자를 보는 관점도 바뀔 것이다.

물론 주식도 환율도 예상치 못한 방향으로 움직이는 바람에 손해를 보는 경우가 있다. 그러나 주식이나 외국 자산을 전혀 보유하지 않으면 엔화 약세, 가격 인상에 대한 저항력이 약해진다. 그래서 자산의 일부를 주식이나 외국 자산으로 옮기는 것을 중요하게 생각하는 사람들이 계속 늘고 있다.

엔화 약세 인플레이션을 겪는 디즈니랜드

2023년 10월, **도쿄 디즈니랜드의 성인 입장 요금이 처음으로 만 엔**(10만 원)**을 넘었다.** 주말은 10,900엔(10만 9,000원), 중고생은 9,000엔(9만 원)으로 인상되었다. 가족과 함께 그곳에서 식사하거나 기념품을 사면 5만 엔(50만 원)은 거뜬히 넘는 금액을 쓰게 된다.

여기에도 엔화 약세가 영향을 주었다. 미국인 관광객 입장에서는 2022~2023년에 30% 이상 엔화 약세·달러 강세가 진행되었기 때문에 엔화 입장료가 10~20% 올라도 **달러로는 오히려 몇 년 전보다 부담이 줄었다.**

만 엔이 넘은 일은 일본인에게 충격이지만, 외국인이 보기에는 크게 놀랍지 않다. 비싼 호텔과 레스토랑도 마찬가지로 가격 인상

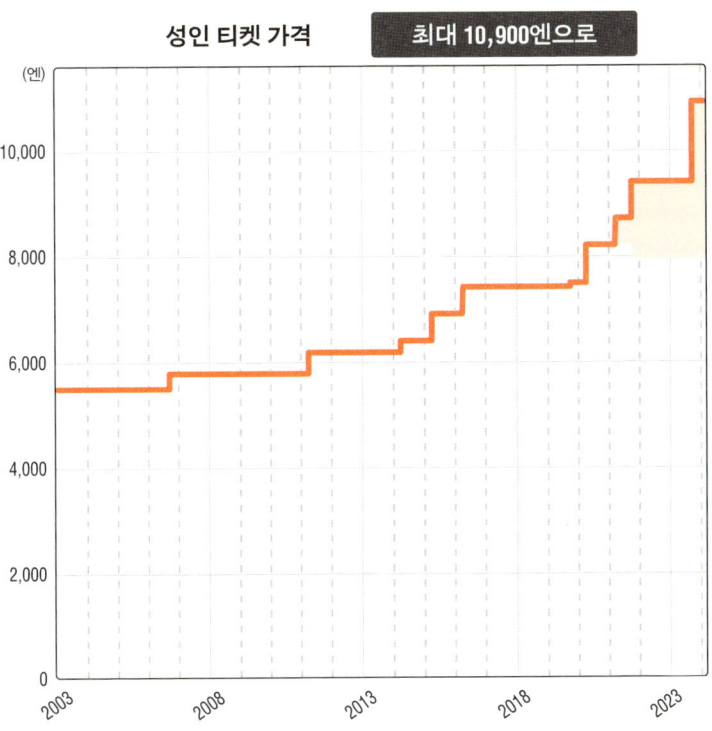

성인 티켓 가격　　최대 10,900엔으로

(출처: 오리엔탈 랜드 공표 자료를 토대로 저자 작성. 2021년 이후는 변동 가격으로 주말에 고가)

의 압력이 거세지고 있다.

또 하나, 미디어에서 화제를 모은 것이 2023년 4월에 도쿄역 인근에 개업한 '불가리 호텔 도쿄'다. 가장 저렴한 방도 평일 1박 요금이 20만 엔(200만 원) 후반이고, 주말에는 30만 엔(300만 원)을 넘기도 한다.

임금이 인상되는 추세라고는 하지만 레저 분야의 가격 인상은 그 폭이 크다. **일본의 저소득층이나 중산층에게 '작은 사치'를 할 수 있는 장벽이 높아지는 셈이다.**

엔화가 약세를 보이면 해외여행 가격이 오른다. 국내 여행을 가려고 해도 외국인 관광객 급증과 엔화 약세 효과로 인해 국내 여행도 기록적인 가격 인상을 보인다. 해외여행을 가지 않아도, 해외 제품을 사지 않아도 생활비는 엔화 약세와 무관하지 않은 것이다.

물론, 엔화 약세로 외국인 관광객이 증가하고, 관광산업이 활성화되는 것은 일본 경제에 도움이 된다. 다만 관광업 자체는 윤택해지는 한편, 국민이 부담 없이 레저를 즐기기 어려워진다면 사회 전체적으로는 바람직하다고만 볼 수 없는 면도 존재한다.

백 세 시대의
2,000만 엔 문제

국민 수명이 늘어나고 있다. 삶의 기간이 늘어날 뿐 아니라 30년 전의 70세와 지금의 70세는 외적인 젊음도 활력도 상당히 다르다고 느끼는 사람이 많을 것이다.

백 세 시대라는 말도 자주 듣게 된다. 하지만 노후를 건강하게 살더라도 **오래 살면 그만큼 평생 필요한 돈도 늘어나는 법이다.** 노후 자금이 고갈되는 '장수 리스크'라는 말이 나오는 이유다.

70세든 80세든 일을 해서 돈을 번다면 이상적이지만, 그럴 수 있다고 단정할 수 없다. 따라서 60세나 65세에 정년을 맞이한 후에도 살아갈 수 있을 만큼의 저축이 필요하다.

일본 금융청이 2019년 내놓은 보고서 〈2,000만 엔(2억 원) 문제〉

가 사회적으로 화제의 중심에 놓이기기도 했다. 평균적인 무직의 고령 부부 가구를 토대로 추산했더니 30년 동안 2,000만 엔이 부족하다는 결과가 나왔기 때문이다.

이 사실이 보도되자 2,000만 엔이라는 큰 숫자를 놓고 "그런 돈은 마련할 수 없다." "연금은 어떻게 된 거냐."라는 비판의 여론이 쏟아졌고, 정부는 해명에 나섰다.

추산 방법이나 전달 방법에서 배려가 부족했을 수도 있다. 다만 아이러니하게도 **이 문제가 크게 불거지면서 충분한 노후 자금이 필요하다는 의식이 사람들 사이에 퍼졌다.** 20대에 주식 투자를 시작한 사람에게 물어보니 노후 대비를 위해서 한다는 사람도 드물지 않을 정도다.

주식 투자는 당연히 손해를 볼 위험도 있지만, 몇십 년에 가까운 오랜 기간에는 이익이 날 가능성이 크다는 의견이 많다. 장수 리스크가 젊은이들에게도 자기 일처럼 다가오는 한편, "60세 이후에도 꾸준히 일해서 수입을 얻을 수 있다."라고 당당히 말할 수 있는 사람은 이런 변화의 시대에 상당히 적을 것이다. 이런 절실한 구조 문제도 국민의 투자 의식을 자극하고 있다.

젊은 시절의 투자 경험이
자산을 형성하는 무기가 된다

일본에서는 정년을 맞이한 뒤에 갑자기 투자를 시작하는 사람이 꽤 있다. 퇴직금을 받아서 은행원이 권유하는 대로 투자신탁을 사는 패턴이다. 물론 은행원이 권유하는 투자신탁이 일률적으로 나쁘다는 말은 아니다. 리스크도 비용도 제대로 설명해 줄 것이다.

그러나 투자 경험이 없다면 리스크나 비용에 관해 아무리 설명을 들어도 그것이 자신에게 정말 적절한 투자 상품인지 판단하기 어렵다. 어떤 사태가 벌어졌을 때 얼마나 손해를 볼 지는 역시나 실제 투자 경험이 없으면 감각적으로 파악할 수 없다.

수수료도 명확히 인식하지 못할 수 있다. 투자신탁에서도 구매 시 수수료가 0인 것도 있고, 몇 %로 오르는 것도 있다. 예를 들어

　　　　　　　　　　　　1　투자가 필수인 시대에 들어서다

수수료가 3%라고 해도 1,000만 엔(1억 원)의 투자신탁을 산다면 수수료는 30만 엔(300만 원)이나 된다. '어디서 사도 큰 차이는 없겠지.'라고 무시할 수 없는 차이다.

소액이라도 하루라도 빨리 투자를 시작하면 연습 경기를 하듯 리스크나 비용에 대한 감각이 길러진다. 40대, 50대가 되어 운용할 만한 돈을 모았다고 해도 투자 경험이 없는 사람과 20년의 경험이 있는 사람은 큰 차이가 난다. 당장은 적은 금액이겠지만 젊었을 때부터 투자의 세계를 쭉 접하면 나이가 들면서 자산이 증가했을 때 적절한 운용 판단을 내릴 수 있다.

지금은 젊거나 예금이 별로 없어도 해를 거듭하면서 자산을 형성할 기회가 늘어난다. 그렇다면 이른 시기에 배워야 더 많은 것을 습득할 수 있다.

이제는 백 세 시대다. 여러분의 노후는 그 어느 때보다 긴 시간이 될 것이다. 건강하게 소비 활동을 할 연수도 길어질 것이다. 반면에 60세가 지나면 안정적으로 고수익을 올리는 것은 쉽지 않은 일이다.

투자는 인생 설계와도 깊은 관련이 있다. 훗날 어느 정도의 자산이 필요하고, 어떻게 리스크를 관리해 투자를 하면서 소비와의 균형을 맞출 것인가? 이를 **이른 시기부터 생각하는 것이 인생을 더 확실하게 설계해 줄 것이다.**

투자 의의는 돈을 늘리는 데 있는 것만은 아니다

투자하기를 주저하는 사람도 물론 많다. 가장 많이 듣는 말은 "투자에 돌릴 만큼 충분한 여윳돈이 없다."라는 목소리다.

분명히 젊은 사람이라면 월 만 엔을 모으는 일도 쉽지 않을 수 있다. 일 년에 10만 엔(100만 원)을 투자해서 20%의 수익을 내도 2만 엔(20만 원)이다. 용돈은 되지만 육아나 노후 자금에는 도저히 도움이 되지 않는다. 절차도 공부도 귀찮을 것 같고, 투자에 실패하면 손해가 난다. "그럴 바에야 그냥 은행에 맡겨두는 게 낫지."라고 시간을 흘려보내는 사람이 수백만 명, 아니 수천만 명 있을 것이다.

그래도 나는 투자가 누구에게나 의미 있다고 생각한다. **투자의 세계를 아는 것은 앞으로 사회를 살아가는 데 반드시 필요한 교양이라고**

해도 과언이 아니다.

투자를 통해서 돈만 늘릴 수 있는 것이 아니다. 막상 투자를 시작하면 경제나 기업 뉴스는 물론 정치, 사회, 테크놀로지, 해외, 자연재해…… 모든 것에 관심이 비약적으로 높아진다.

코로나도, 우크라이나 정세도, AI도, 탈탄소도 주가 형성에 밀접하게 얽혀 있다. 투자 금액이 적더라도 '주가는 왜 오르락내리락하는가?'라는 의식이 조금이라도 있으면 온갖 뉴스가 내 일이 되어 머릿속에 들어온다. 그리고 다양한 사건이 차례차례 연결된다. "바람이 불면 나무통 장수가 돈을 번다."라는 일본 속담이 있듯이 코로나가 기점이 되어 아이폰 가격이 오르기도 하는 것이다.

이러한 발상의 연쇄는 재미도 있지만, 직접 도움이 되는 교양과 감각이 된다. 일상적인 업무나 이직에 활용하고, 학생이라면 구직 활동에도 큰 도움이 된다.

투자를 시작할 때 거창한 준비는 필요 없다. "잠깐 영어 공부를 시작해 볼까?" "건강에 조금 신경 써 볼까?"라는 정도의 가벼운 마음이면 된다. 영어 학원에 다니는 사람도 지금 당장 영어로 돈을 벌거나 바로 해외에서 생활하는 사람만 있는 것이 아니다. "몇 년 지나면 도움 될 날이 올 것이다."라는 마음이 동기부여가 되어준다. 시험 삼아 영어로 말해보기도 하고, 재미와 어려움을 느끼면서 숙달되어 간다. 그러다가 아무리 해도 자신에게 맞지 않으면 중단

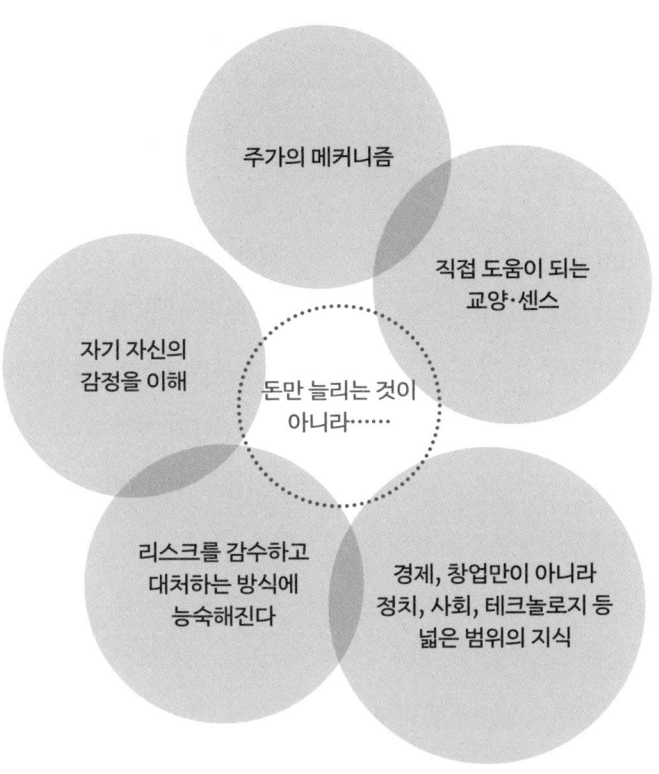

할 수도 있다.

투자에서도 비슷한 말을 할 수 있다.

"한 달 만에 ○만 엔을 벌겠다."

"자산을 두 배로 늘리겠다."

이런 야망을 품지 않아야 한다.

"10년, 20년에 걸쳐 천천히 자산을 형성하겠다."

"업무나 생활에 도움이 되는 교양으로 경제 지식과 감각을 습득하겠다."

이렇게 조금 달관한 정도의 자세가 좋다.

오히려 주가 급락을 몸소 체험하면 배울 것이 많다. 주가가 움직이는 메커니즘을 알 수 있을 뿐 아니라 **보유한 자산이 크게 줄어들었을 때 자기 자신의 감정이 어떻게 움직이는지**, 어떤 투자를 하면 손실을 억제할 수 있는지, 혹은 피해가 커지는지 알 수 있다. 업무에서도 그렇지만 실패를 통해 배울 것이 많은 법이다.

투자의 세계에서 연전연승은 있을 수 없는 일이다. 젊었을 때부터 실패도 경험하면서 리스크를 감수하고 대응하는 방법의 균형 감각을 익히면 자신에게 피와 살이 되어줄 것이다.

내가 주식을
시작한 이유

투자의 의의를 이야기했지만, 내가 투자를 시작했을 때는 그런 장대한 의의를 의식했던 것은 아니었다.

대학 1학년 때, 모넥스^{Monex}증권의 창업자인 마쓰모토 오키^{松本大}의 강연을 우연히 들은 것이 계기였다. 마쓰모토 오키는 일찍이 미국의 은행 골드만 삭스^{GS}에서 근무해 이례적인 속도로 출세 가도를 달렸다. 그러나 1990년대 후반 인터넷의 발전을 보고, GS를 그만두고 온라인 증권사를 창업했다.

마쓰모토 오키는 반년 정도 GS에 남아 있으면 IPO(주식 신규 상장)와 관련해 수십억 엔의 수입을 얻을 수 있었다고 한다. 그러나 그것을 기다리면 인터넷 확산의 급물살을 놓치리라 판단해 수십억 엔을 포기하고 창업에 뛰어들었다.

대학생이었던 나는 그 모습이 대단하다고 느꼈다. 마침 모넥스 증권의 주식 신규 상장^{IPO}이 몇 달 앞으로 다가왔고, 당시 가진 30만 엔 정도의 저금을 마쓰모토 오키의 도전에 투자하기로 했다. 그렇게 증권 계좌를 만들고, 모넥스의 주식을 샀다. 인생 첫 주식 투자였다.

처음에는 주식의 기본적인 용어도 이해하지 못해서 주가는 어떻게 결정되는지, 어떻게 사고파는지도 모른 채 투자의 세계에 들어갔다. 무모하게 느껴질 수도 있지만, 주식 입문서도 읽지 않고, 인터넷으로 충분히 조사하지도 않고 문을 두드린 것이다.

그래도 일단 조금이나마 접해 보는 것은 나쁘지 않다. 스포츠를 생각해 보자. **야구나 테니스는 공도 만져보지 않고 책이나 동영상으로 공부한다고 해서 습득되는 것이 아니다.** 투자도 마음먹고 두꺼운 교과서로 공부를 시작한다고 해도, 비효율적인데다 의욕도 떨어지기 쉽다.

그래서 나의 첫 투자는 어떻게 되었을까? 초심자의 행운이 있었던 것인지 엄청난 수익을 거두었다. 4만 5,000엔(45만 원)에 공개된 모넥스 주식을 6주 가지고 있었는데, 상장 직후 주가는 두 배 이상이 되었고, 며칠 만에 몇십만 엔의 이익이 났다.

대학생에게 몇십만 엔의 이익은 엄청난 금액이다. 나는 그 세계에 단숨에 매료되었다. 다만 돈을 벌겠다는 욕망이 폭주한 것은 아니다. "왜 이렇게 올랐을까?" "계속 오를까?" "이런 급상승은 흔한 일일까? 우연히 운이 좋았을 뿐일까?" 이런 소박한 의문이 연달아 솟구쳐서 하나씩 답을 찾게 되었다. 내 돈을 투자하고 있으니 배우고자 하는 의욕이 차원이 다르게 높아졌다.

그러는 사이 다양한 정보가 축적되었다. 당시 키워드였던 IT나 부실 채권도 이해되어 갔고, 흩어져 있던 지식이 점점 연결되었다. 당시 나는 경제학부 학생이었다. 대학 수업에서 배우는 이론이나 역사도 물론 중요했지만, 나는 오히려 주식시장에서 펼쳐지는 드라마 쪽에 매료되었다.

시장은 기업, 경기, 정치, 국제 정세까지 모든 것이 얽힌 상태에서 전 세계의 돈과 지혜가 줄다리기하는 무대다. '소설보다 더 기이한 사실'의 집합체 같은 이런 장소는 많은 사람의 지적 호기심도 자극한다.

그런 이유로 내가 투자를 시작한 것은 "자산을 형성하자!" "비즈니스 교양을 습득하자!"라는 각오가 아니라 "마쓰모토 씨 대단하네."라는 충동적인 이유였다. 그래도 한번 투자의 세계에 발을 들이자, 재미와 심오함에 마음을 빼앗겼다.

투자처를 고려하는 일은 경영의 유사 체험

대학생 시절에는 주로 일본의 개별주 거래를 반복했다. 도요타 같은 수출 기업, 소프트뱅크 같은 IT 관련, 당시는 '불요론'까지 대두되었던 종합 상사, 부실 채권 문제로 고통받던 은행, 소매…… 헤아릴 수 없을 정도의 종목을 매매했다.

주가를 좌우하는 요소는 실로 많이 있지만, "장래에 얼마나 이익을 낼 것인가?"가 가장 중요하다.

물론 기업이 얼마나 벌어들일지는 그 회사의 사장도 정확히 알 수 없다. 예상치 못한 큰 일이 일어날 수도 있다. 그 와중에도 기업의 브랜드, 개발력, 고객의 움직임, 경쟁사의 동향 등에 안테나를 세워 "이 기업에 돈을 맡기자."라는 결정이 들면 주식을 매수한다.

예를 하나 들어보겠다. 편의점의 매출액이나 이익은 근처에 있는 경쟁 점포와의 경쟁만으로 결정되는 것이 아니다. 신종 코로나 바이러스의 영향으로 외식 이용이 급감하면 마트에서 식재료를 사서 집에서 요리하는 사람이 늘어난다. 러시아의 우크라이나 침공으로 곡물 가격이 오르면 빵과 컵라면의 판매 가격이 급등한다. 인력 부족이 심해지면 아르바이트나 파트타이머의 시급도 올리지 않을 수 없다. 경기 전체가 얼어붙으면 기업의 노력만으로는 어떻게 할 수 없는 면도 있다. 정말 다양한 요인이 경영을 좌우한다.

주가는 환경 변화에 바로 반응한다. 물론 코로나가 확산하는 순간이나 러시아가 우크라이나를 침공하는 순간에 편의점의 향후 매출액이 어떻게 될지 정교하게 예측할 수는 없다. 그러나 주가는 "이런 일이 일어나면 대개 이 정도의 영향이 있을 것이다."라는 예측을 토대로 달라진다. 주가를 보면 세상의 예상이 어떤지 알 수 있는 셈이다.

주가의 움직임을 보고 있으면 어떤 사건이 일어났을 때 경제적인 확산을 파악할 수 있다. 그런 사례를 많이 살펴보면 경제의 구조가 실시간 드라마처럼 보인다. **투자처를 선택할 때, 이곳은 어떻게 될지 생각하는 것 자체가 사회의 동향을 고찰하게 되는 것이다.**

생각이 향할 곳은 단순히 그 기업의 상품만이 아니다. 앞서 설명했듯이 코로나도 전쟁도 큰 영향을 미친다. 정국, 기후변화, 젊은이

들의 가치관 변화 등 모든 사건이 관련되어 있다.

생각한 대로 흘러가서 주가가 오르면 솔직하게 기쁠 것이고, 만일 예상이 빗나가서 주가가 떨어진다 해도 배울 점이 많다. 자연재해 등 예상치 못한 환경 변화의 영향일 수도 있다. 의외로 신제품이 고객의 마음을 사로잡지 못했을 수도 있다. 경쟁사가 획기적인 서비스를 만들어 냈을지도 모른다. 누군가가 만든 단순한 경영 게임이 아니라 변화가 심한 실제 사회의 경영을 유사 체험하는 것과 같다.

이렇게 들으면 엄청난 세계처럼 느껴질지 모르지만, 실제로 투자를 시작해 다양한 화제를 접하다 보면 세상을 보는 눈이 바뀌고 지적 호기심도 넓어진다. **그리고 자신의 돈이 사회의 자본으로 돌고 돌아서 기업은 경제활동을 진행한다.** 은행 예금과는 다르게 자신의 생각으로 투자처를 선택해 세계의 경제활동이나 사회 공헌에 참여하게 되는 것이다.

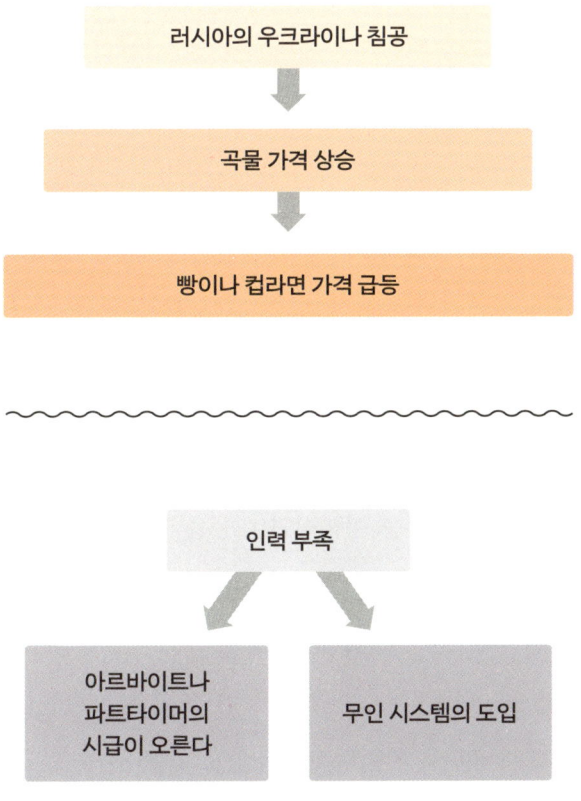

9·11 당시의 주가 이야기

2001년 9월 11일, 뉴욕의 월드 트레이드 센터에 두 대의 비행기가 돌진했다. 역사에 남을 '9·11 테러'다.

뉴욕 시간으로 아침, 일본 시간으로는 밤이었다. 뉴욕 증권 거래소는 주식 거래를 멈추는 이례적인 대응을 했다. 거래 재개는 9월 17일로, 거래 정지는 4영업일에 달했다.

도쿄 증권거래소는 9월 12일, 거래 개시를 30분 늦추고 9시 30분에 시작했다. 하루 가격 변동의 상한·하한인 제한폭을 통상의 절반으로 해서 혼란을 완화하려는 조치도 취했다.

주식이 일제히 매도되어 닛케이 평균의 채용 종목 거의 전부가 제한폭 하한가가 되는 충격적인 주가 급락이 일어났다. 닛케이 평균은 682엔

(6.6%) 하락한 9,610엔(9만 6,100원)이 되어, 17년 만에 만 엔 밑으로 떨어졌다.

당시 나 역시 주식을 가지고 있었다. 벌써 20년도 넘었기 때문에 정확한 종목은 잊어 버렸지만, 4~5개 종목을 가지고 있었고, 도요타 주식도 있었던 것 같다.

전대미문의 사태에다가 미국 주식시장은 거래 정지였기 때문에 경제나 투자자의 심리에 어느 정도의 충격을 줄지 종잡을 수 없는 상황이었다. 던질 수밖에 없다고 생각해서 아침부터 매도 주문을 냈고, 일부 종목은 거래가 성사된 기억이 난다.

당시의 종목이나 손실액은 자세히 기억나지 않지만, 당시의 심경은 지금도 생생하다. **테러라는 예측할 수 없는 사태, 도요타 경영과 무관한 외부 환경의 충격으로 주가가 폭락할 수도 있다는 충격적인 경험이었기 때문이다.**

주식 거래를 시작한 지 1년 정도 지난 시점이었지만, '주식시장에 확실한 것은 없다'는 것을 몸소 터득한 체험이기도 했다.

다만 나중에 돌이켜보니 그 무렵이 2001년 주가의 바닥이었다. 테러에 굴복하지 않겠다는 미국 국민의 결기 속에 소비는 회복되었고, 강력한 재정 지출과 금융 완화로 경기 불안은 금세 진정되었다. 다우 평균은 거래 재개 직후 급락했다가 연말까지 상승해 테러 전 수준을 회복했다.

주가의 움직임을 볼 때 코로나 쇼크와 겹치는 면도 있다. 위기라고 해서 주가가 계속 떨어지는 것은 아니다. 테러에 굴복하지 않겠다는 국민의 기세처럼 위기가 새로운 전개를 낳기도 한다. 2001년의 경험을 통해 그것을 배웠다.

테러나 전쟁까지 투자 중심으로 생각하는 것은 신중하지 못하다는 의견도 있을 수 있다. 당연히 그래서 나 역시 전쟁이나 재해가 있을 때 투자 정보를 알리는 것에는 주의를 기울이고 있다.

그러나 유사시야말로 냉정한 두뇌와 따뜻한 마음이 필요할 수도 있다. 감정론을 억제하고 사회와 경제에 미치는 영향을 냉정하게 보는 것은 비즈니스에서도 일상생활에서도 중요하다. 투자는 그런 시야를 넓혀줄 것이다.

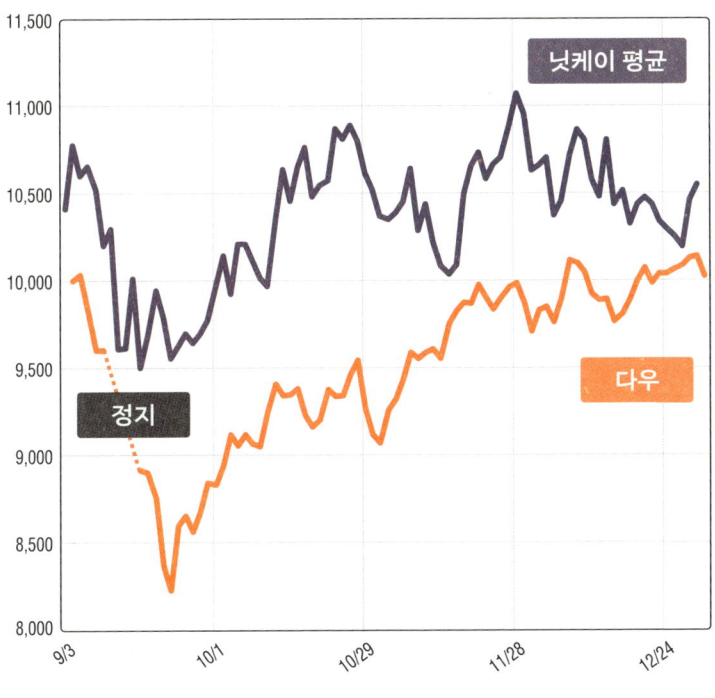

(다우: 달러 닛케이 평균: 엔)

투자란 확실한 것 없는 진검승부의 세계

주식시장은 전 세계의 돈과 지혜가 줄다리기하는 무대라고 표현했다. 주식시장에는 실로 다양한 사람들이 참가하고 있다. 소액의 개인 투자자도 있고, 거액의 자금을 운용하는 연금도 있고, 프로그램을 사용해 초고속 거래를 하는 업체도 있다. 그리고 모두가 이익을 얻고 싶어 한다.

이 세계는 **수십 년 전부터 있던 이론이 통용되는 여유로운 장소가 아니다.** 상식이 뒤집히는 순간이 있고, 큰 돈이 순식간에 움직인다. **주가든 환율이든 나타나는 수치는 전 세계 투자자들이 혈투를 벌인 결과다.**

뒷장에서 자세히 전달하겠지만, 예를 들어 경기가 좋아지는데 주가는 떨어지는 일도 일어날 수 있다. 전쟁이 시작되고 주가가 오르기도 한다. 어제까지 통하던 이치가 전혀 통용되지 않는 경우도 다반사다.

투자의 세계는 예상한 방향과 전혀 다르게 흘러가는 경제 드라마다. 책상에서 배우는 경제학 이론과 달리 하루하루의 생생한 사건을 어떻게 해석해 돈을 움직일지, 전 세계 투자자들이 각축전을 벌이는 그야말로 거친 세계가 펼쳐지는 장이다.

이것은 비즈니스 종사자에게 매우 유용한 체험이라고도 할 수 있다. **여러분이 몸담고, 앞으로 몸담을 비즈니스의 세계는 그런 곳이기 때문이다.**

기업은 여러 가지 불확실한 조건 속에서 이익률을 높이려고 필사적으로 노력한다. 편안하고 확실하게 돈을 벌 수 있는 비즈니스 모델은 그리 많지 않다. 고객의 동향이나 규칙이 갑자기 바뀌기도 한다.

매우 혹독한 세상이지만, 그것이 현실이다. 그리고 주식시장도 마찬가지다. 겉치레가 없는 진검승부의 세계에서 주가는 날마다 움직이고 있다. 그 움직임을 보면서 때로는 돈도 투자해 보면 경제의 역동성을 빠르게 이해할 수 있다. 그 지식과 감각은 비즈니스 종사자가 평소 일하는 자세에도 도움이 된다.

투자는 비즈니스 마인드셋을 갈고닦는 리스킬링

투자는 경영의 유사 체험이자 진검승부의 세계라고 했다. 이렇게 이야기하면 '나는 딱히 경영자를 목표로 하는 것도 아니라서 유사 체험을 하지 않아도 돼.'라고 생각할 수도 있다. 그러나 **여러 가지 리스크를 대면하면서 기회를 결실로 바꾸기 위해 판단을 거듭하는 것은 모든 비즈니스에 필요한 마인드셋이라고 할 수 있다.**

일을 하다 보면 다양한 업무가 주어진다. 막연하게 지시에 따를 수도 있지만, 새로운 제안을 요구받을 수도 있다. 작은 개선책을 스스로 시도할 수도 있을 것이다. 다른 부서나 지역으로 이동을 신청해서 새로운 경험을 쌓으려고 하는 경우도 있다. 이직이나 독립을 생각할 수도 있다.

이런 판단은 대기업의 경영에 비하면 사소한 것일지도 모른다. 그래도 리스크를 대면하면서 판단을 거듭해야 한다는 점에서 대기업의 경영도 자신의 커리어 향상도 본질적으로는 같다고 할 수 있다.

그렇게 생각하면 대기업의 경영을 유사 체험하는 일에 의의가 크다고 생각할 수 있지 않을까? 예를 들어 대학생이라도 모은 돈의 일부를 넣어 애플의 주주도, 도요타의 주주도 될 수 있다. 아이폰이나 렉서스^{Lexus}에서 벌어들인 돈은 배당 등으로 투자자에게 분배된다.

투자처의 수익이 떨어지면 주가는 떨어질 수도 있다. 진검승부의 세계에서는 냉철한 현실도 맞닥뜨리게 된다. 그러나 "실패는 성공의 어머니."라고 했다. 좋다고 생각한 투자가 잘되지 않더라도 교훈을 얻고 반성을 통해 다음 판단에 활용할 수 있다.

투자는 자산을 형성하고 지식을 확장해 줄 뿐 아니라 비즈니스 마인드셋을 갈고닦는 간편한 리스킬링^{Reskilling}이라고 할 수 있다.

리스크란 무엇인가

리스크^{risk}는 '위험'이라고 번역한다. 다만 danger의 위험과는 뉘앙스가 조금 다르다. 특히 운용이나 경영 상황에서 리스크라고 하면 '장래의 불확실성'이라는 의미로 사용되는 경우가 많다.

예를 들어 생각 이상으로 좋아지는 것을 '업사이드 리스크^{Upside Risk}'라고도 한다. **예상치 못한 이익도 리스크인 셈이다.** 리스크를 감수하는 일은 무턱대고 위험한 세계로 뛰어든다기보다는 "어떻게 넘어질지 예측하기 어렵지만, 그만큼 예상외로 큰 이익이 날 수도 있다."라는 긍정적인 의미도 있다고 할 수 있다.

미국인들은 일반적으로 리스크를 선호한다고 한다. 이것도 그저 위험한 것을 좋아한다기보다 **변화를 즐긴다**고 하는 편에 가깝다.

반면에 일본인은 안정성을 선호하는 경향이 강하다고 알려져 있다. 불확실한 것에 도전하기보다 전례를 답습하는 편이 무난하다는 판단도 리스크 회피적인 대응이라고 볼 수 있다.

주식 투자는 '하이 리스크, 하이 리턴'이라고 불린다. 미국에서는 개인 금융 자산의 40%가 주식이지만, 일본에서는 10%에 그친다. 일본은 대신 54%가 현금 예금이다.

일본인이 주식 투자에 신중한 이유 중에는 리스크를 좋아하지 않는 국민성도 한몫한다. 미국에서는 이직이 많고, 일본에서는 적은 것도 이런 국민성을 반영할 것이다.

다만 그런 국민성도 변하고 있다. 20대를 중심으로 주식 투자를 시작하는 사람들이 증가하고 있다. 이직도 20대는 물론 30대와 40대에서도 확산되는 추세다.

사회구조가 변하지 않는 시대에는 리스크 회피형이 합리적인 생활 방식이었을지도 모른다. 하지만 기술 진보의 속도가 빨라져 몇 년 뒤에는 AI로 인해 일하는 모습이 크게 달라질 수도 있다. 그런 시대에서 막연히 주어진 업무만 하다 보면 사회에 필요 없는 사람이 될지도 모른다.

전환의 시대에서는 리스크를 감수하고 도전하면 얻을 수 있는 과실이 커진다. 반대로 실패를 두려워해서 현상 유지를 지속하면 손실을 볼 수 있다.

국민의 금융 자산

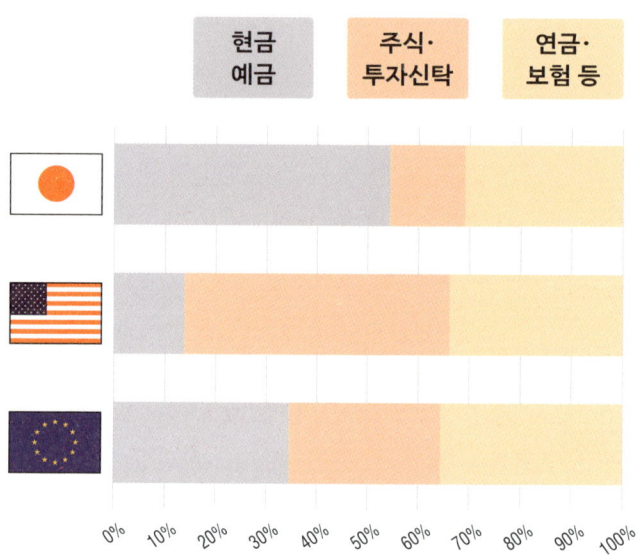

(출처: 일본은행 2022년 3월)

젊은 사람이 이직하거나 주식 투자를 시작하는 일은 리스크 회피에서 벗어나 변화를 받아들이고 행동한 것이다. 이렇게 가치 판단이 전환하기 시작했다고 나는 느낀다. 이 점은 나중에 해설할 가격 인상이나 임금 인상의 역학 변화와도 관련되는 큰 주제다.

투자는 어떻게 연결되어 사회에 공헌하는가?

여기까지는 투자를 하면 여러분에게 어떤 이점이 있는지 이야기했다. 이제부터는 사회에 어떤 이점이 있는지 살펴보고자 한다. 최근 젊은이 사이에서도 사회 공헌을 중시하는 가치관이 퍼지고 있다고 한다. 그래서 사회에서 금융의 역할부터 알아보겠다.

금융이라고 하면 가까이하기 어려운 말이라고 느끼는 사람이 많다. 문자 자체가 어려워 보이고, 누가 의미를 물어보면 적잖이 당황할 것이다. 하지만 사실 간단하다. **금전을 융통한다는 뜻으로 한자로 쇠 금金과 녹을 융融자를 쓴다.**

세상에는 돈이 남는 사람과 부족한 사람이 있다. 남는 사람은 그대로 장롱 속에 넣어놔도 상관없겠지만, 장롱에 두면 이자가 붙지 않는다. **그보다 돈이 부족한 사람에게 융통하여 경제적으로 활용하는 편이 돈이 남는 사람에게도 좋을 것이다.**

그렇다 해도 은행 예금은 현재 일본에서는 금리가 낮아서 집에서 보관하는 것과 비슷하게 느껴질 수도 있다. 하지만 사실 이것도 훌륭한 금융이다.

일본의 가계 예금을 전부 더하면 약 1,000조 엔(1경 원)이다(2023년 9월). 한 사람 한 사람의 예금은 작은 액수이지만, 전부 묶으면 엄청난 금액이 된다. 은행은 이 돈을 기업에 빌려주거나 개인에게 주택 담보 대출로 빌려주는 것이다.

즉 '돈이 남는 사람=지금 당장 사용할 예정이 없는 사람'이 은행에 예금을 하고, 은행은 그 돈을 지금 쓰고 싶은 사람에게 융통한다. **장롱 예금으로는 생겨나지 못한 돈의 흐름이 생긴다.** 은행은 그 중개 역할을 한다. 그래서 금융 기관이라고 부른다.

만약 이런 금융이 없으면 어떻게 될까? 집을 현금으로 선뜻 구매할 수 있는 사람은 거의 없어진다. 기업도 충분히 흑자를 내야 다음 사업을 전개할 수 있다. 그렇지 않으면 작은 회사를 차리는 것도 매우 어려워진다. 금융이 있기 때문에 이런 경제 활동이 돌아가서 새로운 고용이나 사업이 전개되는 것이다.

돈은 그야말로 경제 활동의 혈액이다. 몸도 혈액순환이 안 되면 건강에 문제가 생긴다. 몸의 어딘가에 이상이 생기면 다른 부위에도 영향이 미친다. 반면에 건강하게 움직이는 근육에 피가 많이 돌면 몸은 건강해지고 강해진다. 돈과 경제의 관계도 비슷하다.

다음 항목에서는 은행 예금·대출과 주식 투자의 차이점을 설명하면서 주식 투자가 어떻게 사회에 공헌하는지 살펴보자.

은행 예금과
주식 투자의 차이점

은행 예금도 주식 투자도 **금융**이다. **돈이 남는 곳에서 부족한 곳으로 흘러가서 경제 활동으로 이어지는 구조다.** 다만 은행 대출은 간접 금융이라고 하고, 주식 투자는 직접 금융이라고 한다.

〈1-9〉의 그림을 보자. 은행은 여러분의 예금을 바탕으로 기업에 대출하거나 주택 담보 대출로 개인에게 돈을 빌려준다. 하지만 예금한 여러분은 은행이 누구에게 돈을 빌려줬는지 모르며, "A사가 좋습니다." "B사는 중단하세요."라고 지시하지 않는다.

한편 주식 투자는 여러분이 "도요타 주식을 매수한다."라는 식으로 선별한다. 이런 차이 때문에 은행은 간접 금융, 주식 투자는 직접 금융이라고 한다. 모두 사회에 중요한 역할을 하지만, 대출이나

은행 예금과 주식 투자

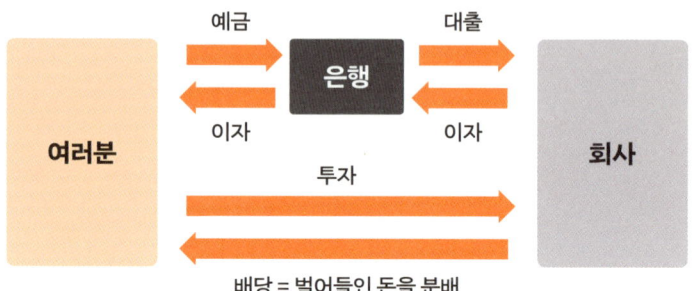

예금

은행

대출

여러분

이자

이자

회사

투자

배당 = 벌어들인 돈을 분배

1-10　은행 예금과 주식 투자의 차이점

	편의성 (출금, 입금……)	안전성 (줄어들지 않는다)	수익성 (증가한다)
은행 예금	◎	◎	✕
주식 투자	○	△	○

투자할 회사를 선택할 때 중시하는 포인트가 조금 다르다.

은행은 성장성보다 안전성을 중시한다. 은행은 여러분이 맡긴 예금이 밑천이다. 만약, 돈을 빌려준 곳의 사업이 잘 안돼서 돈이 돌아오지 않으면 큰일이 난다. 즉 돈을 빌려줄 때 "이 회사는 돈을 제대로 갚을 수 있는가?"라는 것을 최우선으로 생각한다. 담보가 요구되는 것도 돈을 회수하지 못하면 예금을 원금으로 운영하는 은행업이 뿌리부터 흔들리기 때문이다.

한편 **주식은 안전성보다 성장성이 중시된다.** 물론 주식 투자자들도 투자처인 기업들이 파산하지 않기를 바란다. 그러나 〈1-10〉의 표에 있듯이 주주는 회사가 많은 수익을 내면 그만큼 배당으로 큰 과실을 나눠 받을 수 있다. 다소 실패할 위험이 있어도 크게 꽃피울 가능성이 있는 비즈니스 아이디어에는 과감히 응원하고 싶어진다.

회사의 입장에서 생각해 보자. 예를 들어 "잘될 거라고 확실히 약속할 수는 없지만, 훌륭한 아이디어와 기술이 있어 도전하고 싶다."라는 기업이라면 직접 금융인 주식 투자가 자금 조달하기에 상성이 좋다. 주주는 은행만큼 안전성을 요구하지 않고, 만약 잘될 만한 비즈니스 아이디어가 있다면 응원해 주는 경우도 많기 때문이다.

미국에서는 국민 사이에서 상장 기업에 대한 주식 투자가 활발할 뿐 아니라 작은 스타트업 기업에 부유층이 출자하는 등 리스크

머니가 유입되기 쉽다. 돈을 가지고 있는 사람은 리스크를 감수해 자금을 투자하고, 기업가는 그 돈을 바탕으로 비즈니스에 도전하는 것이다.

물론 실패해서 주주도 손해를 볼 수 있다. 그래도 그런 토양에서 다양한 혁신이 탄생한다. 정부가 투자 촉진책을 내놓는 데는 이런 배경도 있다. 즉 국민의 자산 형성도 중요하지만, **리스크 머니가 경제에 잘 순환하게 되어 기업의 혁신을 뒷받침하겠다**는 측면에서도 중요한 의미가 있다.

지금까지 일본은 간접 금융에 편중되어 있었는데, 국민의 주식 투자도 서서히 증가하고 있다. 성장성만이 아니라, 탈탄소나 다양성에 대한 대응을 엄중하게 평가하는 사람도 많아지는 추세다. 이런 물결이 기업 경영자의 의식 개혁으로도 이어져 경제 전체를 활성화할 가능성도 있다.

변화의 시대에서
살아남는 투자

제1장을 정리해 보자.

우선 왜 주식 투자의 기세가 높아지고 있는 것일까? 그것은 **주가 강세가 계속되면서 주식 투자의 이미지가 좋아진 것이 크고, 엔화 약세 인플레이션으로 인해 투자의 필요성이 자신의 일로 절실히 다가왔기 때문**이다. 백 세 시대임에도 자산 운용을 제대로 하지 않으면 노후 자금이 고갈되는 구조적인 문제도 있다.

또한 일본 정부는 세금 면세 투자 계좌인 NISA 등으로 투자를 촉진하고 있다. 투자를 시작하는 사람이 늘어나면서 집단의식이 강한 일본인이 전체적으로 움직이기 시작한 면도 있을 것이다.

그리고 투자에는 여러 의의도 있다. 자산을 형성한다는 측면만이 아니라 세계의 다양한 뉴스에 관심이 높아지고, 그것을 연결 지으면서 현대를 살아가는 데 도움이 되는 교양을 얻을 수 있다.

기업 경영을 유사 체험하면 리스크나 비용을 생각해 볼 경우가 많아 비즈니스 종사자에게 요구되는 센스와 행동력이 향상된다. 그리고 리스크 머니를 스스로 공급해 사회에 공헌한다는 의의도 있다.

국제 정세는 혼조세다. 과거에 없던 인플레이션도 진행 중이다. AI의 빠른 발전으로 업무 방식과 생활 방식도 극적으로 변화하려고 한다. 이처럼 **전환의 시대를 살아가는 데 투자는 중요한 역할을 담당한다.**

1장에서는 그런 투자의 총론을 살펴보았다. 2장에서는 주식에 초점을 맞춘다. 주가는 왜 움직이는지, 주식이 과연 무엇인지 기초부터 다시 배우면서 최근의 토픽도 이해할 수 있도록 깊이 파고들어가 보자.

제 2 장

기초부터 다시 생각하자

주식이란
무엇인가?

주식이 무엇인지 기초부터 알아보는 일은 투자하는 데 매우 중요하다. 설령 투자를 하지 않아도 비즈니스 세계에서 생활하는 데 필요한 교양이다. 이번 장에서는 초심자도 알기 쉽고, 투자 경험자도 다시금 머릿속을 정리할 수 있는 깨달음을 주고자 한다.

주식회사를 설립할 때는 돈이 필요하다. 그 돈은 '차입금'과 '주식' 두 종류로 크게 나눌 수 있다. 은행이나 지인에게 돈을 빌리는 것이 차입금이며, 이자를 내고 정해진 날까지 빌린 돈을 상환하는 구조다. **주식은 자본으로 불리며 차입금처럼 갚을 필요가 없다.** 회사를 설립한 본인이 100만 엔(1,000만 원)이라는 돈을 출자하는 경우도 있고, 친족이나 친구가 돈을 출자하는 경우도 있다.

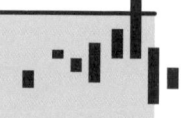

주주에게는 크게
두 가지 권리가 있다

갚을 필요가 없으면 회사 측이 편할 것 같지만, 그것뿐이라면 누구도 돈을 내주지 않을 것이다. 출자한 사람, 즉 주주는 그 출자액에 따라 장래의 회사 권익을 '배당'이라는 형태로 나누어 받는다.

창업 1년째의 이익은 물론이고, 주식을 계속 보유하면 5년 후에도, 10년 후에도 수익을 받을 수 있다. 회사가 크게 성장하면 배당이 몇 배가 되어 최초 출자한 금액을 웃돌 수도 있다. 과거의 수익으로 축적해 온 재산도 주주의 것이다.

반대로 경영이 잘되지 않아 파산하게 되면 배당을 받을 수 없을 뿐 아니라 출자한 돈도 돌아오지 않는다. 한마디로 돈을 내는 사람에게 주식으로 출자하는 일은 돈을 빌려주는 것보다 손실 위험이 커진다. 대신에 **기업이 성장하면 그만큼 리턴이 크다고 할 수 있다.**

주주에게는 또 하나 큰 권리가 있다. 바로 의결권이다.

회사의 중요한 경영 판단은 주주가 내린다. 기본적으로 과반수 주주가 동의하면 큰 프로젝트나 타사와의 합병 협상 여부 등은 주주가 결정할 수 있다. 일상적인 경영 판단이나 업무 집행은 사장이나 임원에게 맡기기 때문에 소유와 경영은 분리된다고 하지만, 경영진을 누구로 할지 선택하는 것도 주주다.

주주가 되면 중요 사항을 결정할 권리가 있고, 미래의 이익을 분배받을 권리도 있다. 이것이 오너(소유자)라고 불리는 이유다.

사실 나도 2022년 가을에 작은 회사를 설립했다. 아주 작은 사례지만, 여러분의 이해를 돕기 위해 예로 들어 이야기하겠다.

1. 이익의 분배

- 배당으로 돈을 받는다
- 지금까지 축적된 재산도 주주의 것

- -

2. 의결권

- 중요 사항을 정한다(대표이사 인사, 경영 통합, 해산, 이익 분배 등)

2022년
주식회사를 설립하다

나는 2022년 3월에 〈니혼게이자이신문〉에서 퇴직하고 프리랜서로 활동을 시작했다. 처음에는 개인사업자로 활동했다. 이 시점에서는 법인이 아니다.

그 후 여러 사람에게 이야기를 들으면서 note 등에서 얻는 수입도 증가하기 시작했기 때문에 주식회사를 설립하고자 했다. 1인으로서 정보를 제공하는 일 자체는 큰 차이가 없었지만, 회사를 만드는 편이 사업을 운영하는 면에서 이점이 많다고 느꼈다.

자본금은 100만 엔(1,000만 원). 일부는 가족이 주주가 되어주었고, 나 혼자 주식 과반을 가지고 있다. 지인이나 벤처 캐피털 등에서 출자를 받지는 않았다. 작은 회사이긴 해도 회사법에 따라 내가 대표이사를 맡았다.

내 업무는 X^{Twitter}나 note 등에 정보를 올리거나 미디어에 출연하는 일이다. 월세, 원재료비, 인건비 등은 거의 들지 않는다. 이 때문에 초기 비용도 당장 운전자금도 거의 들지 않아서 정부 정책 금융이나 민간 은행에 돈을 빌릴 일도 없었다.

실질적으로 작은 개인 기업이지만, 나는 **주주**로서 의결권이나 미래의 배당을 받을 권리가 있는 오너다. 동시에 대표이사라는 **경영자**이기도 하고, 회사로부터는 임원 보수를 매월 받고 있다. 나아가 정보를 알리고 경비의 정산까지 일상적으로 업무를 처리하는 **실무자**이기도 하다. 지금 시점에서 목돈이 필요하다고는 생각하지 않는다. 그래서 은행 대출에 의존할 일은 없을 것 같고, 만일 출자하겠다는 지인이 있어도 현시점에서 받아들일 예정은 없다.

출자를 받으면 새로운 주주에게 의결권이나 이익 청구권이 생긴다. 그러면 그때그때 경영 판단이나 사업 운영에 관해 새로운 주주에게 설명할 책임도 생긴다. **이는 건전한 긴장 관계일지도 모르나 자신의 회사라면 답답함도 생긴다.** 예를 들어 당장의 이익과는 무관하고 장기적으로도 잘 모르겠지만, 해보고 싶은 프로젝트가 있는 경우, 지금은 다른 주주의 의향을 묻거나 설명하지 않고 스스로 판단을 내릴 수 있다.

당연한 이야기를 과장해서 말하는 듯하지만, 주식회사의 본질적인 면을 비추고 있다고 할 수 있다. 그렇다면 지인이나 벤처 캐피털에서 출자를 받는다면 어떤 변화가 일어나게 될까? 계속해서 살펴보자.

매출이 오르지 않아도 성장 스토리로 자본을 모은다

사업을 확장하고 싶을 때는 자금이 필요하다. 창업할 때는 설비 등 초기 비용이 드는 것 외에도 원재료비, 인건비, 월세 등의 운영 비용도 커진다.

회사가 아무리 유망하다고 해도 창업한 지 얼마 되지 않았을 때는 매출이 발생하기 어렵기 때문에 운전자금을 대출로 충당하는 경우도 많다. 대출은 이자를 내야 하는 부담이 있다. 가능하다면 운전자금을 자본으로 모으고 싶은 사람이 많을 것이다.

회사가 장차 성장할 것이라는 기대를 자본가에게 납득시킬 수 있다면 대출이 아닌 자본을 모을 수 있다. 여기에서 회사는 새로 주식을 발행하고, 자본가는 돈을 주고 주식을 받는다. 작은 회사라면 가족이나 친구에게 조금씩 출자를 받는 경우도 있다.

비즈니스 실적이 있고, 아이디어나 기술이 매력적이라면 시작하자마자 타인이 몇억 엔의 자본을 조달하기도 한다. 물론 회사 측에서는 의결권이나 장래의 이익을 분배할 권리의 일부를 자본가에게 양도하게 된다.

아직 매출이 오르지 않은 단계에서 자본가가 리스크를 각오하고 목돈을 던져주는 셈이다. 그러면 매출이 충분하지 않아도 사람을 고용하거나 사업 확대를 위한 선행 투자에 돈을 돌릴 수 있다.

출자를 받으면
부담감도 생긴다

돈을 투자하는 측면에서도 생각해 보자. 투자한 기업이 만약 일본을 대표하는 기업으로 성장한다면 거액의 배당을 받을 수 있다. 주식은 누군가에게 전매하는 것도 가능하다.

예를 들어 처음에 100주를 100만 엔(1,000만 원)에 산 다음, 그 기업이 점점 성장했을 경우, 다른 사람이 "100주를 1,000만 엔(1억 원)이라도 좋으니 달라."라고 하면 차액인 900만 엔(9,000만 원)이 이익이 된다. 또한 주식을 가지고 있는 동안에는 의결권도 있다. 보유 비율에 따라 다르지만, 경영진에게 요구도 할 수 있다.

그러나 투자한 기업이 잘되지 않아 파산하면 주식 가치는 제로가 된다. 창업한 지 얼마 안 된 기업에 투자하는 조직을 벤처 캐피털^{VC}이라고 한다. 수많은 기업에 투자했을 때 몇몇 기업은 파산하거나 부실이 오래 지속되는 경우도 있다. 하지만 일부 기업이라도 크게 성장하면 전체적으로 손실을 보상하고도 남을 만큼 충분한 수익을 올리기도 한다.

벤처 캐피털 등에서 자본을 받으면 경영진에게는 일정한 압박이 가해진다. 벤처 캐피털은 리스크를 감수하고 돈을 냈기 때문에 회사는 그 돈을 효율적으로 활용하여 기대에 부응해야 한다. 따라서 자금을 지원받기 위해 호소했던 성장 스토리를 비교적 단기간에 궤도에 올려서 그 가능성을 키워야 한다.

회사의 성장과 관계없는 비용은 줄여야 하므로 사장 자신의 급여도 무작정 높일 수는 없다.

그렇다면 다음 항목에서 '상장'에 관해 살펴보자.

주식 상장은 경매 사이트에 출품하는 것과 비슷하다

상장이란 회사의 주식이 증권거래소 등 많은 투자자가 모이는 거래소에서 매매되도록 하는 것을 말한다. 단 상장하지 않아도 주식 매매는 가능하다. 가령 좀 전에 언급한 내 회사의 주식을 사고 싶은 사람이 있고, 내가 그 사람에게 팔아도 된다고 생각하면 거래할 수 있다. **그 주식을 얼마에 팔 것인지는 양측의 논의로 결정된다.**

회사가 커지면 상장하지 않아도 주주가 수백 명, 수천 명이 될 수도 있다. 그러나 막상 팔려고 해도 매수자를 찾고 납득하는 가격으로 주식을 파는 것은 쉽지 않다. 사고 싶은 경우도 마찬가지다. 대주주라면 개별적으로 상대를 찾아서 사고파는 것도 무리는 아니지만, 소액 투자자라면 손이 많이 간다.

하지만 **상장하면 이런 부분이 단번에 편리해진다.**

"1주에 500엔(5,000원)이라면 팔아도 좋아."라는 사람이 도쿄 증권거래소에 주문을 내고, 반대로 "500엔에 사고 싶다."라는 사람이 있으면 매매가 성립된다. 이때 파는 사람은 사준 사람이 누군지도 모른다. 1,000주를 파는 경우, 몇몇 사람들이 그것을 조금씩 살 수도 있다. 상장하면 'A사 주식, ○엔, ○주'라는 조건 하에서 많은 투자자가 매매를 반복하는 것이다.

조금 단순하게 생각하면 경매 사이트에 출품하는 것과 비슷하다. 개인이 물건을 팔고 싶을 때 거리에서 여러 사람에게 말을 걸어 사줄 사람을 찾기는 힘들다. 하지만 경매 사이트에 내놓으면 멀리 떨어진 곳에 사는 얼굴도 모르는 사람의 눈에 띌 수 있다. 그리고 그 상품을 가장 높이 평가해 준 사람이 가져간다.

주식도 기본적으로 가장 높은 매입가를 신청한 사람이 살 수 있다. 다양한 평가가 뒤섞이는 가운데 **'비싸도 사고 싶은 사람' '싸게라도 팔고 싶은 사람'**들이 몰려들어 시시각각 가격이 붙는다.

이런 상태가 되면 앞에서 나온 벤처 캐피털도 주식을 팔아 이익을 확정하기 쉬워진다. 창업자가 주식을 많이 가지고 있는 경우에도 일부를 매각해 창업자 본인의 수중에 현금이 들어가 생활이 안정될 수도 있다.

새로운 투자자도 불러들이기 쉽다. 상장되지 않은 주식과 달리

상장하지 않으면 매수자를 찾아서 교섭하기가 어렵다

상장하면 매매가 쉬워진다

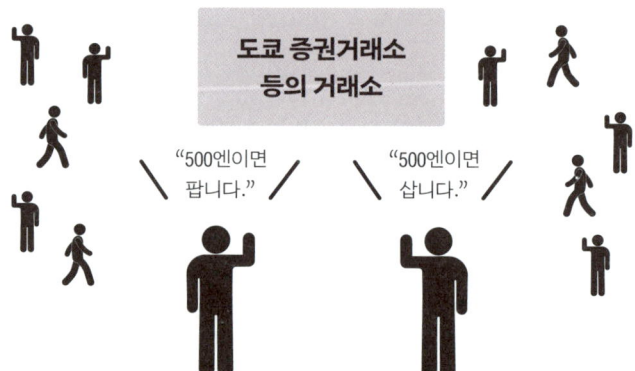

도쿄 증권거래소
등의 거래소

"500엔이면
팝니다."

"500엔이면
삽니다."

팔려고 생각하면 바로 팔리기 때문에 마음이 편하다. 대조적으로 필자의 회사처럼 작은 기업의 주식을 한 주 샀다면 막상 팔려고 해도 사줄 사람을 찾기가 힘들다. 이렇게 팔려고 했을 때의 판매 용이성을 '유동성'이라고도 한다. 유동성이 높은 것 자체가 구매의 문턱을 낮추기 때문에 주가에 긍정적으로 작용할 수도 있다.

증권 거래소는 개인 투자자나 외국인 등 다양한 사람이 거래할 수 있도록 한다. 투자자의 저변이 넓어지고, 투자층이 두터워지면 유동성이 높아져 거래소의 편리성이 좋아지기 때문이다.

상장하면 추가 자본 조달의 길이 확장된다

앞에서 제대로 된 성장 스토리를 알릴 수 있다면 자본가가 리스크를 각오하고 목돈을 투자해 줄 것이라고 말했다. 기업의 입장에서 상장은 또 다른 자금 조달의 길도 열어 준다.

성장 스토리를 이야기하는 것은 언제나 중요하지만, 상장되어 있으면 개별적으로 자본가를 찾지 않아도 거래소에서 많은 투자자가 주가를 보고 매매를 판단한다.

매력적인 기업이라면 개인 투자자를 포함한 수많은 사람으로부터 자본을 모을 수 있다. 상장한 주식은 예를 들어 "1주 1,000엔으로 100만 주(합계 10억 엔) 발행합니다. 10억 엔(100억 원)을 조달하면 유망한 사업에 활용해 미래의 이익으로 발전시킬 수 있습니다.

투자할 가치가 있다고 생각하면 구매해주세요."라는 느낌이다.

주당 1,000엔(1만 원)의 가치가 있다고 생각하면 돈이 모여 기업 자금을 조달할 수 있다. 폭넓은 투자자에게 공개적으로 모집해 자본을 늘리므로 '공모 증자'라고 부른다.

증권 거래소의 신규 상장은 IPO라고 한다. Initial Public Offering 의 앞 글자를 딴 말로 처음 공개석상에 매물로 내놓는다고 생각하면 된다.

상장은 기업이 커진다는 상징이라고 할 수 있다. 회사의 주식이 공개적으로 거래되고, 그 평가가 시시각각 변하면서 자본 조달의 가능성도 커지는 중요한 의미가 있다. **기업은 그 외에도 지명도가 올라가고 신뢰도가 높아진다**는 이점도 있다. 인재 채용이 수월해진다고 말하는 경영자도 많다.

다만 이점만 있는 것은 아니다. 실적이 나빠지면 주가가 내려가고, 주주들에게 강한 추궁을 받을 수 있다. 경영자의 퇴진을 요구할 가능성도 있다. 어떤 투자자라도 높은 가격만 제시하면 보유 주식을 늘릴 수 있으므로 창업자나 경영진과 의견이 맞지 않는 주주가 세력을 높여 경영에 변혁을 요구할 수도 있다.

또한 투자자는 10~20년이라는 시간을 기다리기보다 눈앞의 증익을 원하는 경향이 있다. **단기적인 수익 성장에 대한 압박이 강해져 장기 전략을 실행하기 어려워진다는 측면도 있다.**

창업자에게 IPO란 무엇인가?

신규 상장을 하면 창업자의 자산이 엄청나게 늘어난다는 이야기가 있다. 예를 들어 상장했을 때의 시가총액(주식 수×주가, 자세한 것은 나중에 설명)이 100억 엔(1천억 원)이 되고 창업자가 50%의 주식을 가지고 있다면 그 시가는 50억 엔(500억 원)이다. 상장 시 일부 주식을 처분하면 창업자에게 직접 현금이 들어갈 수도 있다. 경영자는 회사의 정보를 많이 알기 때문에 상장 후에 팔 때는 일정한 제약이 걸리지만, 그래도 상장 전과 비교하면 팔기가 쉬워진다.

　많은 돈을 모을 수 있어 IPO는 하나의 목표처럼 여겨지기도 한다. 확실히 창업자에게는 미래의 생계 불안이 크게 줄어드는 일이다. 상장 전이라면 팔려고 해도 얼마에 팔릴지 알기 어려웠던 보유 주식에 날마다 가격이 붙어서 자신의 자산 가치를 파악하기가 쉬워진다.

다만 상장 경험자들에게 직접 이야기를 들어보면 상장이 목표라고 생각하는 사람은 별로 없는 듯하다. 상장하고 나서는 더 많은 투자자가 주식을 갖게 되므로 압박감도 증가한다. 또 상장하기까지 다양한 투자자에게 회사의 비전을 말해 왔기 때문에 그것을 힘차게 추진해야 할 책임도 커진다.

IPO를 경험한 사람이 이런 말을 했다.

"상장하기까지는 역시 정신적으로 힘듭니다. 자사의 주식을 많이 가지고 있고, 계산상 가치가 크다고 해도 당장 팔리는 것은 아닙니다. 상장 전에는 임원 보수도 억제해야 합니다. 가까운 시일 내에 상장할 가능성이 크다고 해도 처음 있는 일이라서 무슨 일이 일어날지 알 수 없어요. 하지만 상장하면 첫 공모에서 어느 정도 현금이 들어옵니다. 보유한 주식의 가격도 시장 평가로 결정되어 팔 기회도 넓어집니다."

즉 IPO는 목표가 아니더라도 기업에는 큰 스테이지의 변화이며, 창업자 개인에게 경제적인 안정을 준다는 측면에서 매우 큰 전환점인 것은 틀림없다.

중요한 것은 상장 후에도 주주, 사원, 고객, 사회에 공헌하기 위해 열정을 유지하는 일이다. 이는 사람에 따라 온도 차가 있다.

회사의 가치를
레스토랑으로 생각해 보자

주주는 회사의 오너(소유자)라고 이야기했다. 여러분이 어느 회사의 주식을 100% 갖고 있다면 그 회사는 100% 여러분의 소유다. 만약 그 주식이 한 주에 1만 엔(10만 원)이고, 합계 1만 주 발행되고 있다면 1만 엔×1만 주로 합계 1억 엔(10억 원)이 주식을 합산한 가치가 된다. 그 회사의 100% 오너가 될 권리가 1억 엔이라고 할 수 있고, 주가로 산출하는 기업 가치가 1억 엔이라고 할 수 있다. **이를 '시가총액'이라고 부른다.**

주식이 주당 2만 엔(20만 원)으로 상승하면 시가총액은 2억 엔(20억 원)이 된다. 그럼, 애초에 그 회사의 가치가 1억 엔인지, 2억 엔인지는 어떻게 평가할 수 있을까?

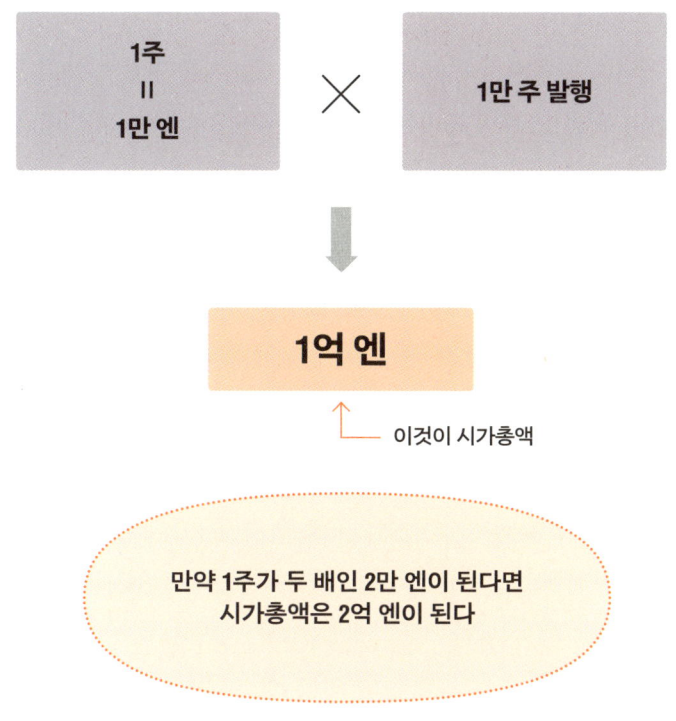

이것이 시가총액

만약 1주가 두 배인 2만 엔이 된다면
시가총액은 2억 엔이 된다

예를 들어 어떤 회사가 현금을 1억 엔 가지고 있는 상태에서 대출금도 없고, 활동도 하지 않는다면 그 회사의 가치는 1억 엔일 것이다. 장래에 이익이나 손실을 낼 일도 없고, 지금 가지고 있는 자산의 가치는 1억 엔이기 때문이다.

그렇다면 현금 1억 엔을 가지고 있던 회사가 레스토랑을 개업했다고 하자. 인테리어 비용과 조리 기구 등 초기 비용이 들기 때문에 현금은 어느 정도 줄어든다. 게다가 인건비, 집세, 광열비 등이 들어가서 매달 운영비가 발생한다. 매출이 충분히 오르면 이익이 나지만, 손님이 별로 오지 않으면 적자가 난다.

만약 가게의 셰프가 매우 유명한 사람이라서 개업하자마자 비싼 가격에도 예약할 수 없을 정도로 인기를 끌었다고 하자. 그러면 이 회사의 가치는 1억 엔을 웃돌 수도 있다.

인기가 이어진다면 매달 흑자를 기록해 현금이 늘어날 것이다. 두 번째 점포, 세 번째 점포로 가게를 늘릴 수도 있다. 이렇게 되면 원래 주당 1만 엔이었던 주식의 가치는 상승할 것이다. 1주에 3만 엔(30만 원)을 내고서라도 사고 싶다는 사람이 나타날지 모른다.

반대로 손님이 별로 오지 않는 경우도 예상해 보자. 매달 적자가 나서 수중에 있는 돈이 점점 줄어든다. 매출이 급증할 전망도 없다면 그 회사의 가치는 1억 엔을 밑돌 것이다. 1주에 5,000엔(5만 원)이어도 사주는 사람이 없을 수 있다.

대략적인 예시이지만, 주식의 가치는 이런 이미지로 결정된다.

지금 있는 자산의 상황은 어떤가? 지명도나 요리 솜씨처럼 수치로 표현하기 어려운 회사의 가치는 어떤가? 앞으로 얼마나 수익을 낼 수 있는가? 장기간에 걸쳐 성장할 수 있는가? 이런 요인을 종합적으로 판단한다.

지금 있는 자산이 예금이나 조리 기구라면 계산하기 쉽지만, 요리 솜씨, 장래의 인기라면 평가하기가 어렵다. 5년 후, 10년 후의 매출이나 이익이라고 하면 전제를 두는 방법에 따라 확 바뀐다. 당연히 평가하는 사람에 따라서도 달라진다.

앞서 예로 든 유명한 셰프의 가게라면 회사의 가치가 2억 엔이라는 사람도 있을 수 있고, 10억 엔으로 추정하는 사람도 있을 것이다. 주식은 기본적으로 비싼 값을 내더라도 매수하고 싶어 하는 사람이 사기 때문에 10억 엔이라고 보는 사람이 많으면 그 가격에 가깝게 주가가 올라간다.

그럼, 일본의 시가총액 상위 20개 회사를 살펴보자.

도요타는 오랫동안 일본의 시가총액 선두 자리를 유지하고 있다. 세계적인 지명도, 압도적인 수익력, 안정성이 좋은 평가를 받고 있다. 2위 이하는 시대에 따라 많이 달라진다. 당시의 수익력이나 성장 기대감이 바뀌기 때문이다. 투자금의 치열한 줄다리기로 결정되는 시가총액은 기업의 능력을 보여주는 중요한 지표로 기업 총수들도 매우 신경 쓴다.

1	도요타(Toyota) 자동차
2	소니 그룹(Sony Group)
3	미쓰비시(三菱) UFJ 파이낸셜 그룹
4	NTT
5	키엔스(Keyence)
6	패스트 리테일링(Fast Retailing)
7	도쿄 일렉트론(Tokyo Electron)
8	KDDI
9	신에쓰화학공업(信越化学工業)
10	미쓰비시상사(三菱商事)
11	미쓰이스미토모(三井住友) 파이낸셜 그룹
12	이토추상사(伊藤忠商事)
13	히타치제작소(日立製作所)
14	오리엔탈 랜드(Oriental Land)
15	닌텐도(任天堂)
16	소프트뱅크(Softbank) 그룹
17	혼다(Honda)
18	미쓰이물산(三井物産)
19	소프트뱅크(통신)
20	리크루트 홀딩스(Recruit Holdings)

(출처: QUICK FactSet 2023년 12월 시점)

동종업계 라이벌의 능력을 가늠하기에도 편리하고, 업종이나 국경을 초월한 기업의 가치도 측정할 수 있다. 단순히 주식 투자만이 아니라 구직 활동을 하거나 거래처의 규모를 조사할 때도 간편하게 확인할 수 있다.

주가는 현재보다 미래를 보고 결정된다

앞서 든 레스토랑의 예시를 보면 우선 '현재'의 자산 상황이 주가를 생각하는 토대가 된다. 원래 1억 엔의 현금이 있고, 그 돈의 일부가 인테리어나 조리 기자재로 바뀐 것이기 때문에 1억 엔은 회사의 가치를 평가하는 하나의 토대라고 할 수 있다.

다만 주가에서는 현재보다 미래가 더 중요하다. 주주는 이익을 배당이라는 형태로 장기적으로 받아 갈 권리가 있다고 했다. 회사가 존속한다면 10년 후에도, 50년 후에도 배당받을 수 있다. 그렇다면 지금 있는 자산이나 **이달에 벌어들이는 수익보다 앞으로 5년, 10년에 걸쳐 이익이 점점 커지는지, 계속해서 수익을 낼 수 있는지가 훨씬 더 중요하다고 할 수 있다.**

레스토랑의 가치가 10억 엔이라고 추산한 투자자들은 이 회사가 장기적으로 벌어들일 돈의 총액을 지금 가치로 환산하면 대략 10억 엔 정도가 될 것으로 보고 있다는 말이다. **레스토랑이 장기적으로 얼마를 벌 것인지 추정하는 것이 투자자들이 해야 할 일이다.** 셰프의 인기와 실력, 개업 시의 인기, 그 후의 동향, 경쟁 점포의 상황, 경기 동향 등 여러 가지 요인을 파악하는데 투자자의 실력을 발휘해야 한다.

이 레스토랑이 미쉐린 가이드에 게재되면 주가가 오를지도 모른다. 단골손님이 적어서 매출이 떨어지기 시작하면 성장 기대감이 줄어들어 주가가 떨어질 것이다. 국내 전체의 경기가 좋아지면 객단가도 오르고 주가가 오를 수도 있다.

이렇게 수시로 들어오는 소식 때문에 회사의 장래 예상 수익은 매우 흔들린다. **투자자들이 보는 것은 현재보다 불확실한 미래다.** 그리고 미래의 일은 그 회사의 직원이라도 정확히 내다볼 수 없다. 다양한 투자자들이 그 회사의 미래를 예상해 주식을 매수하거나 매도 주문을 낸다. **그 줄다리기의 결과가 주가다.**

주가가 그 회사의 미래 모습을 정확하게 예상한다고 단정할 수는 없다. 그럼에도 여러 투자자가 고심하며 예상한 균형점이 주가로 나타나는 것이다. 하루가 다르게 변동하는 시가총액(주가×주식 수)이 기업 가치로 자주 사용되는 이유를 이해할 수 있을 것이다.

결산서는 비즈니스에
꼭 필요한 무기

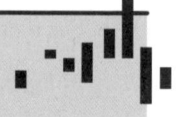

결산서라는 단어만으로 벌써 페이지를 넘기고 싶은 사람이 있을지도 모른다. 전문 용어와 숫자가 잔뜩 실려 있어서 여간해서는 읽기 어려운 느낌이다. 하지만 알아두면 좋겠다는 생각도 들지 않는가?

이 책은 결산 전문서가 아니기 때문에 그렇게까지 깊이 들어가지는 않는다. 최소한 파악해 두어야 할 것에 초점을 맞춰 알기 쉽게 전달하고자 한다. **결산은 주식 투자를 하지 않는 사람도 이해해 둬야 하기 때문이다. 비즈니스 종사자가 꼭 습득해야 할 기초 교양이자 무기가 된다.**

예를 들어 창업하는 사람에게 있어 앞으로 설명하는 재무상태표 Balance Sheet의 상황을 이해하지 않고, 자본 조달이나 비즈니스를 전개하는 것은 위험하다.

직장인들도 업무의 책임 범위가 커질수록 결산 내용을 모르고는 "어디까지 예산을 쓸 수 있는가?"라는 판단을 내릴 수 없다. 그리고 거래처와 협상할 때도 결산을 통해 상대의 상황을 이해해 두는 것이 중요하다. **재무뿐 아니라 영업이든, 생산 설비든, 경영 기획이든, 결산의 이해는 필수적이다.**

주식 투자를 한다면 더욱 그렇다. 상장 기업에 결산서는 출자한 주주에게 하는 성과 보고다. 얼마나 수익을 냈는지, 현재 자금 상황은 어떤지 보여준다. 그저 "잘 되고 있습니다!" "더 열심히 하겠습니다!"라고 의지를 보여주는 것이 아니라 정해진 규칙에 맞춰 숫자로 나타낸다.

그리고 뉴스에서 자주 등장하는 PBR이나 ROE이라는 말도 결산을 알아야 이해할 수 있다.

다시 말하지만, 이 책은 결산 전문서가 아니다. 몇십 쪽, 몇백 쪽을 결산에 할애한다고 해도 집중할 수 없을 것이다.

비즈니스에 종사하거나 투자에 입문하는 사람이 최소한 알아야 할 핵심을 다시, 레스토랑이라는 친숙한 사례를 활용해 쉽게 설명하고 실제 대기업의 사례로 이해를 돕고자 한다.

다양한 이익 중에서 우선은 영업이익이 중요하다

결산서와 재무제표는 우선 **손익계산서**라는 표로 시작하는 경우가 많다. 매출액을 기점으로 비용을 차감해 가는 각각의 단계에 많은 이익이 있다. 매출 총이익, 영업이익, 경상이익, 세전 이익, 순이익……. 이미 이것만 보고 어렵다는 사람이 많을 것이다. 대략 **기억해야 할 것은 영업이익과 순이익**이다. 이 페이지에서는 먼저 영업이익을 이해해 보자.

레스토랑을 예로 들겠다. 영업이익은 매출액에서 핵심 사업에 들어가는 비용을 뺀 것이다. 레스토랑의 비용에서 큰 것은 재료비, 인건비, 월세, 광열비 등이 있다. 매출액이 1,000만 엔(1억 원)이고, 비용이 900만 엔(9천만 원)이라면 영업이익은 100만 엔(1,000만 원)

이 된다. 영업이익률은 10%다.

간단하게 말해서 매출액이 단숨에 두 배가 되면 어떻게 될까? 재료비는 거의 두 배가 되겠지만, 월세는 점포를 확대하지 않으면 증가하지 않는다. 이 때문에 재료비는 변동비이고, 월세는 고정비라고 부를 수 있다. 손님이 늘어나면 일손도 필요하므로 인건비가 오를 수도 있지만 두 배가 되지는 않을 것이다. 광열비도 조리를 위한 가스 사용량이 늘어날 수는 있어도, 조명이나 에어컨 요금이 두 배까지 되지는 않을 것이다.

그렇게 생각하면 매출액이 2,000만 엔(2억 원)으로 늘어도 비용이 1,600만 엔(1억 6,000만 원) 정도라면 영업이익은 400만 엔이(4,000만 원) 된다. 따라서 영업이익률이 20%로 오른다고 생각할 수 있다.

반대로 매출이 반으로 줄어든 경우를 생각해 보자. 손님이 없어도 집세는 나가고, 아르바이트에게 시급을 지급해야 한다. 매출액이 500만 엔(5,000만 원)이고, 비용이 600만 엔(6,000만 원)이면 영업이익은 100만 엔(1,000만 원)의 적자가 되는 것도 생각할 수 있다.

매출액과 영업이익은 그야말로 핵심 사업의 수익 창출력을 나타낸다. 매출을 어떻게 늘릴지, 어디에 비용이 들었는지, 어디에 개선 여지가 있는지 알 수 있다. 그리고 영업이익률을 경쟁사와 비교하면 그 기업의 강점, 약점도 파악할 수 있다.

다음 항목에서 몇몇 유명 기업의 영업이익률을 비교해 보자.

2 기초부터 다시 생각하자

업종과 기업의 특성이 영업이익률에 나타난다

퀴즈를 내보겠다.

일본의 유명한 4개 기업 ① 도요타 자동차, ② JR도카이^{JR東海}, ③ 닌텐도, ④ 세븐&아이^{Seven&I}(세븐일레븐 등을 운영)의 2022년도 영업 이익률은 다음 중 어느 것인가?

 A : 31%, B : 27%, C : 7%, D : 4%.

 일본의 주요 상장 기업의 평균은 5~7% 정도의 추이를 보인다. 업종에 따라 다르지만 10%를 넘으면 수익력이 높은 기업으로 간주하는 경우가 많다. 그렇다면 이익률이 높은 순서부터 답을 살펴보자.

영업이익률은 다음 중 어느 것일까?

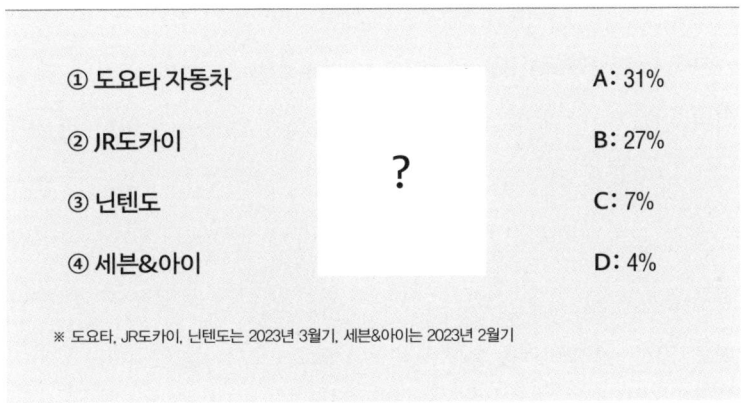

① 도요타 자동차　　　　　　　　A: 31%

② JR도카이　　　　　　　　　　　B: 27%

③ 닌텐도　　　　　　　　　　　　C: 7%

④ 세븐&아이　　　　　　　　　　D: 4%

※ 도요타, JR도카이, 닌텐도는 2023년 3월기, 세븐&아이는 2023년 2월기

가장 높은 31%는 닌텐도다. 닌텐도는 세계적인 게임 회사다. 연결 매출액이 1조 6,000억 엔(16조 원)이나 되는데, 직원이 7,317명으로 적은 편이다. 직원 1인당 매출액이 2억 엔(20억 원)을 넘는 셈이다. 우수하고 창의적인 인재가 모여 있어도 **인원이 적으면 인건비 총액은 줄어든다.**

그리고 닌텐도는 자체 생산 공장이 없는 팹리스**Fabless** 기업이다. 외부 파트너에게 생산을 위탁하고 있으므로 그런 점에서도 고정비가 억제된다.

또한 최근에는 예전처럼 디스크가 아니라 온라인 다운로드로 게임을 하는 경우가 많다. 그러면 물리적인 소프트웨어의 생산과 배송, 판매점의 마진도 억제할 수 있다. 5,000엔(5만 원)의 소프트웨어 1개의 이익률이 높다는 것은 상상하기 쉬울 것이다.

다음으로 27%는 JR도카이다. 코로나 사태로 영업 적자에 빠졌지만, 2023년 3월기는 여행과 출장을 가는 인원이 늘어나 단숨에 높은 이익률을 회복했다.

그러나 JR히가시니혼(JR東日本)과 JR니시니혼(JR西日本)의 영업이익률은 10%를 밑돌고 있다. 이렇게 차이가 나는 까닭은 무엇일까? **JR도카이는 현지의 기존 철도 노선보다 도쿄~오사카를 연결하는 도카이도 신칸센이 큰 주축이기 때문이다.**

도쿄~오사카 구간은 비행기도 경쟁을 하지만, 편리성 때문에 신칸센을 이용하는 사람도 많다. 도쿄~나고야, 도쿄~교토는 신칸센을 선택하는 사람이 대부분일 것이다. 즉 거의 독점에 가까운 형태가 되어 이익률이 높은 비싼 가격으로 설정되어도 객석이 확실히 채워지는 비즈니스 모델이 되었다.

7%는 도요타 자동차다. 영업이익은 2조 7,250억 엔(27조 원)이다. 2024년 3월기에는 일본 기업에서 처음으로 약 4조 엔(40조 원)을 전망하고 있다. 그런데 영업이익률은 닌텐도만 못하다. 전형적인 제조업답게 직원은 그룹 합계 37만 명을 보유하고 있고, 공장 등 제조에 관련된 비용도 큰 비율을 차지한다. 닌텐도와는 대조적이라고 할 수 있다.

그래도 **같은 업종의 혼다(4.6%), 닛산(3.6%)에 비하면 영업이익률이 상당히 높다.** 비용 절감을 철저히 하기 때문이기도 하겠지만, 매출액이 혼다의 4.7배, 닛산의 14.9배로 커서 규모의 이점이 있다고 할 수 있다.

마지막으로 4%는 세븐&아이다. 일본의 소매 기업에서 가장 큰 매출액을 자랑하지만, 영업이익률은 낮다. 소매업은 완성품을 사들여 판매하는 것이 기본적인 비즈니스다. 매출액 대비 매입비의 비율이 높아지는 것은 어쩔 수 없다.

참고로 소매업에서 영업이익률이 높기로 유명한 곳은 유니클로를 운영하는 패스트 리테일링으로, 가장 최근의 결산에서 13%를 기록했다. 의류 회사 중에서 압도적인 선두이며, 높은 브랜드력과 상품 개발력, 원재료를 조달하는 협상력으로 경쟁사와 차이를 벌리고 있다.

영업이익률은 높은 편이 좋다고는 하지만 업종에 따라 상황은 다르다. 기성품을 매입해서 판매하는 소매업은 이익률이 몇십 퍼센트나 되기는 어려울 것이다. 이런 업종의 특성을 바탕으로 그 기업의 수익력을 보거나 경쟁 기업과 비교하면 회사의 수익 구조가 보인다.

주주에게 직결되는 순이익

영업이익과 맞먹을 정도로 중요한 것이 순이익이다. 영업이익이란 핵심 사업의 이익이지만, 그 이외에도 이익을 좌우하는 것이 있다. 예를 들어 대출이 많을 경우, 지급해야 할 이자가 불어난다. 이는 영업활동과 직접 관련이 없는 비용이므로 영업이익을 계산할 때는 고려되지 않는다.

이외에도 화재 사고가 일어나 큰 손실을 입거나 투자한 기업이 파산해서 주식이 휴지 조각이 되는 경우는 특별 손실로 계상된다. 2023년 6월에는 일본 우정이 과거에 출자한 라쿠텐楽天의 주가가 하락해 850억 엔(8,500억 원)의 특별손실을 계상했다는 뉴스가 나오기도 했다. 반대로 출자한 곳이 예상 이상으로 성장해 특별이익이

생길 수도 있다.

이러한 손익을 모두 계산하고, 납세액도 공제하고 나서 마지막 남은 이익이 순이익이다. **순이익은 영업이익과 비교해서 편차가 커지기 쉽다는 점에 주의가 필요하다.**

위의 예처럼 특별손실이나 특별이익은 그 해에 한정된 사건일 가능성이 크다. 핵심 사업의 실력과는 별로 관계가 없을 수도 있다. 몇 년의 기간 동안 기업의 실력이 어떻게 변화하고 있는지를 살펴보려면 영업이익 쪽이 확인하기 쉬운 경우가 많다.

그렇다면 왜 순이익이 중요할까? **순이익이야말로 주주의 것이기 때문이다.** 순이익의 일부는 배당으로 주주에게 지급된다. 다만 많은 기업이 순이익의 절반 이상을 회사 자본으로 유보해 미래 사업에 투자하거나 M&A의 원금으로 축적한다. 주주 입장에서는 배당으로 순이익의 전액을 받지 못하더라도 회사에 축적되는 자본 또한 주주의 것이다.

즉 1년간의 순이익은 기업이 주주들에게 만들어 낸 결실이다. 이 결실은 내년에도 내후년에도 있을 것이고, 점점 성장할 수도 있다. 그런 장래의 결실도 주주의 것이 된다.

주식의 가치는 대략적으로 말해서 순이익이라는 결실의 축적이다. 몇 년 후의 결실이 어느 정도일지는 아무도 내다볼 수 없지만, 그것을 전망해 투자자들은 주식을 사기도 하고, 팔기도 한다.

101

이익 중에서 얼마를
배당으로 돌릴 것인가

회사는 벌어들인 순이익을 주주에게 배당으로 분배할 수 있다. **순이익 중 몇 %를 배당으로 돌리느냐의 비율을 배당 성향이라고 한다.**

예를 들어 100억 엔(1,000억 원)의 순이익 중 30억 엔(300억 원)을 배당으로 주주들에게 분배한다면 배당 성향은 30%다. 일본의 대기업은 30~50% 정도인 경우가 많은데, 배당이 전혀 없는 기업도 있고, 순이익의 거의 전부를 배당하는 기업도 있다. 예를 들어 다케다武田약품공업은 88%, 가오花王는 81%, 닌텐도는 50%, 키엔스는 20%, 소니 그룹은 8%로 다양하다(2023년 3월기 결산).

배당 성향은 업종에 따라 다르고, 회사의 성장 단계에 따라서도 다르다. 창업한 지 얼마 되지 않은 기업의 대부분은 무배당이다.

창업 초기라 자금 융통이 안정적이지 않으면 주주들에게 배당으로 자금을 보낼 여유가 없다. 그러다가 파산할 수도 있어서 주주에게도 좋은 일이 아니다.

자금 융통이 안정되어도 많은 기업은 무배당을 지속하는 것이 일반적이다. 앞으로 사업을 확장하는 단계에서는 인건비나 사업 투자 등에 돈이 들어간다. 주주도 경영자도 기업의 성장을 기대하기 때문에 이 단계에서는 이익을 주주에게 전달하기보다 성장을 위한 투자에 돌리는 것이 합리적이다.

엄청나게 큰 기업이 되어도 무배당을 고수하는 대표적인 기업이 아마존**Amazon**이다. 온라인 통신판매가 흑자로 전환했을 때도 아마존은 전혀 배당을 시작하지 않았다. **배당으로 돌리기보다 벌어들인 이익을 새로운 비즈니스에 투자하는 것이 장기적으로 기업의 수익력과 규모, 브랜드 향상에 도움이 된다고 판단했기 때문이다.**

이런 판단은 창업자인 제프 베이조스**Jeff Bezos**가 대주주였던 이유도 크게 작용했을 것이다. 눈앞의 이익이나 배당보다도 10년, 20년 동안의 성장을 생각해서 클라우드 서비스 등 다양한 곳에 크게 투자하거나 기업 매수를 진행해 왔다.

반대로 배당 성향이 높은 기업은 어떤 기업일까? 일반적으로 성숙 기업일 가능성이 크다. 다음에 일본의 주요 기업 중 배당 성향이 50%가 넘는 기업을 나열해 봤다.

도쿄 일렉트론
닌텐도
소프트뱅크(통신)
다이치산쿄(第一三共)
일본담배산업(JT)
도쿄해상(東京海上) 홀딩스
다케다약품공업
유초 은행(Japan Post Bank)
캐논(Canon)
화낙(FANUC)
니덱(NIDEC)
아스텔라스 제약(Astellas Pharma)
교세라(京セラ)
이온(AEON)
가오
기린(Kirin) 홀딩스
노무라(野村) 홀딩스
간사이전력(関西電力)
시세이도(資生堂)
일본거래소 그룹

(출처: QUICK FactSet 2023년 11월 시점의 최근 발표 예측 기준)

기업이 성장 단계에서 성숙 단계가 되면 새로운 투자를 하지 않아도 안정적으로 수익을 내게 된다. 그러면 주주들로부터 무리하게 리스크를 감수하고 규모 확대를 추구하기보다 이익을 배당으로 돌리자는 요청이 강해진다.

배당 성향을 어디까지 높이는지는 성장을 위한 투자가 얼마나 필요한지 판단하는 반증이기도 하다. 따라서 몇 %가 최선이라는 정답은 존재하지 않는다. 동시에 그 기업의 경영자 자신이 생각하는 성장 단계도 자연히 드러난다.

그런데 수익의 일부를 배당으로 주주에게 지급하는 것은 쉽게 머릿속에 그려지지만, 회사에 축적되는 자본이 된다는 것은 조금 상상하기 어려울 수 있다. 이 부분을 이해하는 데 중요한 것이 앞으로 소개하는 재무상태표balance sheet다.

익숙해지기 어려운 개념이지만, 이를 이해하면 기업 경영에 대한 이해가 빨라지고, 투자할 종목을 선택하는 중요한 기준도 된다. 그리고 2023년부터 갑자기 화제가 된 PBR도 재무상태표를 모르면 이해할 수 없다(PBR도 나중에 설명하겠다). 다음 쪽부터 레스토랑 경영이라는 알기 쉬운 예를 통해 재무상태표의 기본을 이해해 보자.

레스토랑 경영으로 배우는 재무상태표

지금부터 레스토랑 개업을 예시로 재무상태표를 상당히 단순화해서 설명하겠다. 실제 레스토랑 경영도 재무제표도 더 복잡하지만, 우선은 대략적으로 파악하고자 하므로 이해하길 바란다.

이제 다음과 같은 상황을 떠올려보자. 자본금 200만 엔(2,000만 원)으로 레스토랑을 개업했다고 하자. 여기에 은행에서 100만 엔(1,000만 원)을 빌려서 수중 자금은 300만 엔(3,000만 원)이 되었다. 이 중 150만 엔(1,500만 원)으로 레스토랑의 인테리어를 하고, 조리기구를 구매한다. 그리고 나머지는 은행에 예금해 운전자금으로 사용한다고 하자.

- **200만 엔의 자기 자금으로 레스토랑을 연다**
  → 200만 엔을 자본금(주식)으로 개업

- **은행에서 100만 엔 대출**
  → 수중 자금은 합계 300만 엔

- **이 중에서 150만 엔으로 인테리어 및 조리 기구 구매**

- **남은 150만 엔은 은행에 예금**
  → 운전자금으로(원재료비, 월세, 인건비 등)

이를 재무상태표로 하면 〈2-8〉의 표가 된다.

시트의 오른쪽은 자금을 어떻게 충당했는지를 보여준다. 자기 자금인 200만 엔(자본(순자산))과 은행에서 대출받은(부채) 100만 엔이 쓰여 있다.

시트의 왼쪽은 그 돈을 어떻게 활용하고 있는지 보여준다. 150만 엔은 인테리어와 조리 기구 등의 자산으로, 나머지 150만 엔은 운전 자금으로 은행 예금과 가게 계산대의 현금으로 두고 있다. 이 현금 예금도 자산이다.

시트의 오른쪽도 왼쪽도 합계액은 같은 300만 엔이다. 이것이 깔끔하게 균형을 이루고 있기 때문에 밸런스 시트**balanse sheet**(재무상태표, 대차대조표)라고 부른다. 참고로 밸런스 시트의 어원은 밸런스에 잔액이라는 의미가 포함되어 있다는 설도 있다.

다시 이야기를 진행하자. 개업한 지 1년, 손님이 많이 찾아와준 덕분에 흑자를 기록했다. 경비나 세금을 제한 순이익이 1년에 100만 엔이 되었다고 하자. 개업한 지 얼마 되지 않았기 때문에 배당은 0엔으로 하고, 100만 엔 전액을 자본에 돌려 회사에 남긴다.

그러면 재무상태표는 〈2-9〉의 표처럼 변한다. 1년 뒤의 재무상태표(아래 시트) 왼쪽 위를 보면 현금 예금이 100만 엔 늘어 총 250만 엔(2,500만 원)이 되었다. 이것은 이해하기 쉽다.

시트의 오른쪽에서 100만 엔의 이익은 자본(순자산)에 가산된다.

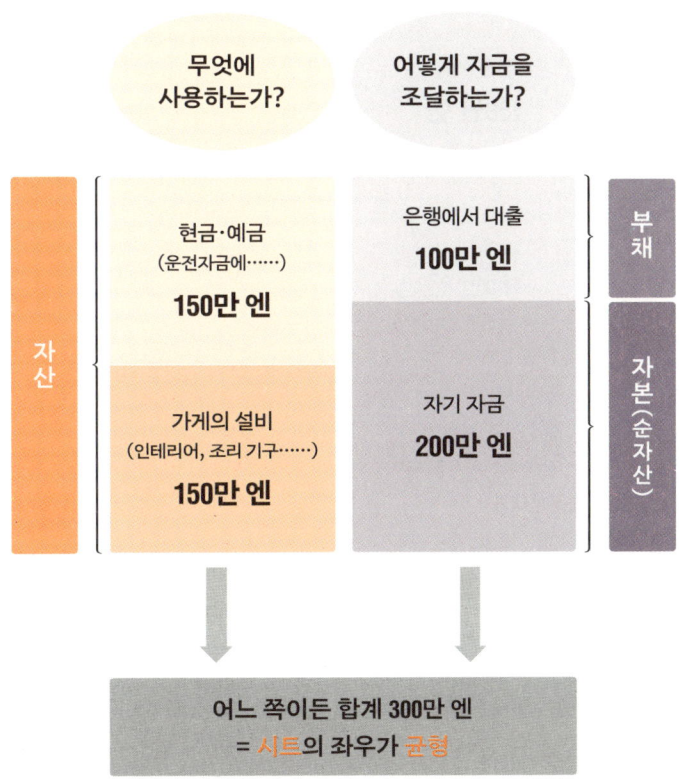

개업 시의 재무상태표

매출액에서 경비·세금을 제외한
순이익이 1년에 100만 엔

1년 후의 재무상태표

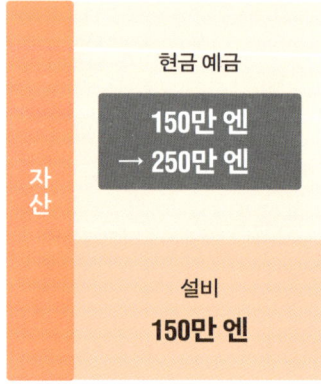

이 100만 엔은 빚이 아니라 회사가 벌어들인 이익이다. 즉 은행 대출처럼 타인에게 돌려주는 것이 아니라 회사 자체의 자본이 된다. 이렇게 해서 자본은 200만 엔+100만 엔으로 총 300만 엔이 갖춰졌다. 결과적으로 이번에도 좌우 시트는 총 400만 엔(4,000만 원)으로 균형을 이룬다.

　인테리어는 해마다 낡기 때문에 설비의 가치는 원래의 150만 엔보다 떨어진다. 감가상각이라고 해서 원래는 대차대조표의 가치도 바뀌는데, 이런 것까지 고려하면 이야기가 길어지므로 이번에는 생략하고 상당히 단순화했다.

2 기초부터 다시 생각하자

매장을
확장한 경우

손님이 끊이지 않기 때문에 '테이블을 늘리자.' '두 번째 점포를 내자.'라는 공격적인 경영도 생각해볼 수 있다. 은행에서 추가로 300만 엔(3,000만 원)을 빌리기로 했다. 350만 엔(3,500만 원)을 사용해 새로운 점포를 개점한다면 시트는 〈2-10〉의 아래 표와 같다.

시트 왼쪽에서 현금 예금은 원래 250만 엔(2,500만 원)이다. 은행에서 300만 엔을 빌렸기 때문에, 그 순간은 현금 예금이 550만 엔(5,500만 원)이 된다. 그중 350만 엔을 새로운 점포의 설비에 충당하기로 했기 때문에 현금 예금은 550만 엔 - 350만 엔 = 200만 엔(2,000만 원)으로 줄어든다. 한편 그만큼 설비는 합계 500만 엔(5,000만 원)으로 늘어난다.

2　기초부터 다시 생각하자

시트의 오른쪽은 부채가 증가한다. 은행에서 추가로 돈을 빌렸기 때문에 400만 엔(4,000만 원)이 되었다. 자본은 변화가 없다. 역시나 좌우가 총 700만 엔(7,000만 원)으로 균형을 이룬다.

재무상태표를 간단히 정리해 보자

이해를 돕기 위해 단순화 한 레스토랑 재무상태표를 살펴보았다.

재무의 기본부터 차근차근 정리해 보겠다. 재무상태표의 왼쪽은 가지고 있는 자산 내역이다. 자산은 크게 유동자산과 고정자산으로 나뉜다. 유동자산이란 현금 예금이나 외상 매출금(나중에 거래처로부터 입금되는 돈) 등으로 환금성이 높다. 고정자산은 토지, 건물, 기계, 자동차 등 장기간 보유하는 것이다. 소프트웨어도 무형의 고정자산으로 계상된다.

재무상태표의 오른쪽은 그 자산을 보유하기 위한 근거로, 어떻게 자금을 조달했는지 보여준다. 부채는 은행 대출이나 사채 등 이른바 빚을 말한다. 외상 매입금이나 퇴직금의 충당금처럼 미래에

유동자산	· 현금 예금 · 외상 매출금 · 재고 자산 · 유가증권 등	· 은행 대출 · 사채 · 외상 매입금 · 퇴직금 충당	부채
고정자산	· 토지 건물 · 설비 · 자동차 · 소프트웨어 등	· 본래의 자본 · 과거 이익의 축적	자본

돈을 지불해야 하는 항목도 포함된다. 자본(순자산)은 주주가 출자한 돈이다. 이제까지 레스토랑의 사례에서 보았듯이 그다음 이익의 축적은 배당으로 주주에게 분배된 것을 제외한 나머지가 기본적으로 자본이 되어 쌓인다.

자기 자본 비율이 높다고 좋은 것은 아니다

재무상태표 오른쪽의 자본 비율이 자기 자본 비율이다. 자본을 자산(자본+부채)으로 나누어 계산한다.

빚에 의존하는 정도가 크면 자기 자본 비율이 낮고, 반대로 빚에 의존하지 않으면 자기 자본 비율이 높아진다. **자기 자본 비율이 높을수록 자립할 수 있고, 사업 환경의 변화에도 내구력이 있다.** 즉 자기 자본 비율은 건전성의 지표로 사용된다.

이렇게 말하면 '자기 자본 비율이 높으면 높을수록 좋다.'라고 생각할 수 있지만, 그렇게 단순하지 않다. 예를 들어 **매우 유망한 사업이라고 판단한다면 빚을 내서라도 사업을 확장해야 한다.** 많은 기업이 부채라는 리스크를 안고서라도 일을 진행해야 하는 국면에 놓인다.

또한 자본도 쌓을수록 좋은 것이 아니다. 비즈니스가 성숙해져서 자본을 효과적으로 활용할 다른 용도가 없다면 사내에 모아두기보다 주주에게 배당으로 분배하거나 임금을 인상해서 사원의 사기를 높이고 채용력을 높이는 데 사용하는 편이 바람직할 수 있다.

다시 말해 주주와 직원에게 분배하지 않은 채 자본을 쌓아두고 사업은 정체되어 있음에도 본사 빌딩이나 사장실만 화려하게 꾸미는 기업은 긍정적으로 평가하기 어렵다.

적절한 자본 규모, 부채 규모, 자산 규모는 업종이나 회사의 성장 단계에 따라서도 달라진다. 그때마다 어떤 균형을 잡는 것이 적절한지 잘 생각하는 것이 자본 전략이다.

다음으로 도요타와 닌텐도의 재무상태표를 비교해 보면서 이해를 넓혀보자.

도요타와 닌텐도의
재무상태표 비교

〈2-12〉는 도요타 자동차와 닌텐도의 재무상태표를 상당히 간결하게 나타낸 것이다. 자산 규모를 보면 도요타는 74.3조 엔(743조 원)으로 거대하다. 공장, 사무소, 판매·유통망과 일본만을 포함한 전 세계에 거점이 있다. 자산 내역도 고정자산이 64%로 많다.

한편 닌텐도의 자산은 2.8조 엔(약 28조 원)으로 도요타의 약 26분의 1 수준이다. 앞에서 설명했듯이 닌텐도는 공장이 없는 팹리스 회사다. 예를 들어 닌텐도 스위치 Nintendo Switch 의 제조는 대만의 홍하이 정밀공업 등에 위탁하고 있다. 자기 자산이 상당히 슬림한 편이다. 고정자산의 비율도 19%로 작다. 재무상태표의 오른쪽도 비교해 보자.

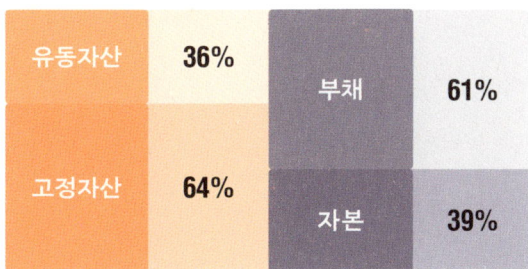

A 도요타

| 유동자산 | 36% | 부채 | 61% |
| 고정자산 | 64% | 자본 | 39% |

총 자산 74.3조 엔

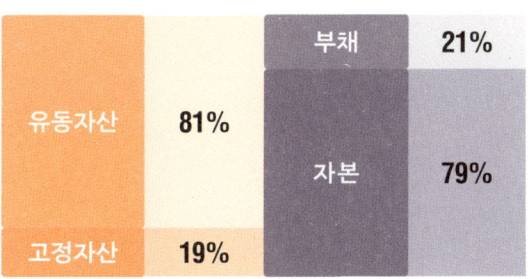

B 닌텐도

| 유동자산 | 81% | 부채 | 21% |
| 고정자산 | 19% | 자본 | 79% |

총 자산 2.8조 엔

(출처: 도요타, 닌텐도의 2023년 3월기 IR자료를 토대로 저자 작성)

도요타는 부채가 좀 더 많고, 닌텐도는 부채가 적다. **도요타는 많은 자산이 필요한 비즈니스 모델인 만큼 부채도 활용하고 있다.** 제조업의 전형적인 재무상태표라고 할 수 있다. **반면 닌텐도는 자산이 가벼운 만큼 빚에 의존할 필요성도 낮아서 자기 자본 비율이 높다.** 일본을 대표하는 기업도 재무상태표의 구성이 상당히 다르다는 것을 알 수 있다.

이렇게 여러 기업을 떠올리며 재무상태표의 대략적인 내용을 살펴보기 바란다. 예상과 비슷하면 흥미로울 것이고, 반대로 많이 다르다면 그것이야말로 깨달음과 배움의 기회가 될 것이다.

재무상태표에는 없는 인적 자본

최근 몇 년간 인적 자본 경영이라는 말이 많이 들린다. 그렇다면 **직원은 재무상태표의 자본이나 자산에 들어갈까? 사실은 들어가지 않는다.**

직원은 공장처럼 회사가 소유하는 것이 아니다. 매달 월급을 주고 노동을 제공받지만 회사가 자유자재로 쓸 수 있는 것이 아니라 언제 이직할지 알 수 없다. 자본이나 자산에 계상할 성질의 항목이 아니다.

하지만 직원은 회사에 중요한 존재다. 우수한 사람들이 모인 활기찬 회사는 매우 가치가 있다. 반면에 우수한 직원이 속속 퇴직하는 기업은 재무상태표에 바로 변화가 드러나지 않아도 상당히 좋지 않다고 할 수 있다.

최근에는 업무에 대한 젊은 세대의 의식이 바뀌어 이직이 증가하고 있다. 예전보다 저출산 고령화인 사회다. **직원에게 일하는 보람이나 업무의 편이성을 제공하면서 회사를 성장시키는 일이 점점 더 중요해지고 있다.**

재무상태표에는 실려 있지 않은 자본이지만, 그렇다고 경시할 것이 아니라 더 신경 써야 한다. 그런 의식 변화가 인적 자본 경영이라는 말이 자주 나오는 배경이라고도 할 수 있다.

이 외에도 재무상태표에 없는 자본이나 자산이 있다. 가령 **브랜드**를 들 수 있다. 아이폰은 지명도와 신뢰감 때문에 다른 스마트폰보다 비싸도 사겠다는 사람이 많다. 이런 브랜드의 가치는 수치화가 어렵고 재무제표에는 보통 계상되지 않는다.

고객도 그렇다. 오랫동안 신뢰받는 고객이 많은 기업은 지속성이 높을 것이다. 다만 고객 역시 재무제표로 수치화하기 어렵다.

그 밖에도 기술력이나 환경·다양성처럼 시대 변화에 대응하는 능력도 재무제표에 나타나지 않는 자본·자산이다. 재무제표가 매우 편리하다고 해도 그 기준만으로는 측정할 수 없는 가치도 많이 존재한다. 재무제표에 없는 가치가 매력적이라서 주가가 올라가는 기업도 있다.

물론 재무제표를 무시해도 되는 것은 아니다. 매우 중요한 기준이기 때문에 동시에 여러 시점에서 회사의 가치를 살펴보는 것이 중요하다.

팔로워도 자본이다

칼럼을 하나 더 써 보겠다. 팔로워도 소중한 자본이라는 이야기다.

내가 〈니혼게이자이신문〉에 소속되어 있을 무렵 운영하던 X^{Twitter}의 계정은 팔로워가 37만 명까지 증가했다.

퇴직하면서 그 계정은 정지하고, 새롭게 개인 계정을 만들었다. 새 계정의 팔로워가 얼마나 늘어날지 불안했는데, 새 계정을 만들고 하루 만에 10만 명 이상의 팔로워가 생겼다. 전에는 닛케이 기자의 직함으로 운영하던 X였는데, 고토 다쓰야라는 개인을 인지하고 지지해 주는 사람이 이렇게 많다는 사실에 정말 놀랍고 감격스러웠다.

팔로워 수가 많고 영향력과 확산력이 높다는 평가를 받으면 다양한 업무 오퍼가 잘 들어온다. 받은 일을 해 나가는 사이에 지명도가 높아지고 거래처와의 신뢰도 쌓여서 팔로워가 더 증가하는 선순환도 일어난다.

팔로워는 애플의 브랜드 가치처럼 금액으로 환산하기 어렵고, 당연히 재무상태표에도 계상되지 않는다. 그래도 사업 활동의 확대로 직결되는 매우 중요한 자본이다.

퇴직하기 훨씬 전의 이야기다. 팔로워가 10만 명을 넘었을 무렵, "고토 씨의 X 팔로워는 1억 엔(10억 원) 이상의 가치가 있어요."라는 말을 들은 적이 있다. 내가 게시물을 올리는 스타일과 팔로워의 품질, 향후 가능성을 생각하면 1억 엔 이상의 현금 흐름을 창출할 가치가 있다는 것이다.

그때는 흘려들었지만, 지금 와서 되짚어보면 1억 엔인지 아닌지는 차치하고, X의 팔로워는 대단한 잠재력이 있는 자본이라고 통감하고 있다.

독립한 지 며칠 후에는 '보도 스테이션(일본 뉴스 프로그램-옮긴이)' 출연 의뢰가 오거나 유튜브 구독자가 한 달여 만에 10만 명을 넘기기도 했다. 독립 3개월 후에 시작한 note의 유료 회원은 반년 만에 2만 명을 넘었다. 구독 수입은 〈니혼게이자이신문〉 시절 받은 월급의 10배 이상이 되었다.

나는 회사를 관둘 때는 연봉이 100만 엔(1,000만 원)이 되어도 상관없다는 각오를 했다. 팔로워가 많다고 해서 그것이 어느 정도의 무기가 될지는 그만두기 전에는 가늠할 수 없다. 다시 말해 팔로워라는 자본을 과소평가했다고 본다.

대기업도 X나 유튜브, 틱톡^{TikTok} 같은 플랫폼의 활용에 상당한 자원을 쏟는다. 회사의 브랜드나 상품의 PR은 물론 채용력에도 직결되기 때문이다.

기존의 기업 홍보는 텔레비전 프로그램이나 신문 기사를 중요한 채널로 생각했다. 하지만 최근에는 기업 스스로 SNS를 활용해 널리 인지되는 방식을 중요하게 여긴다.

물론 팔로워 지상주의 같은 풍조가 바람직하다고는 생각하지 않는다. 다만 영향력이 큰 SNS를 통해 게시물이 널리 확산되는 시대다. 팔로워나 영향력이라는 금전 가치로 표현하기 어려운 자본을 어떻게 가늠하고, 어떻게 키워 나갈지는 개인과 기업의 중요한 요소가 되었다.

직원

브랜드

고객

기술력

환경·다양성

SNS etc

손익계산서는 플로, 재무상태표는 스톡

여기까지 오면서 재무상태표의 이미지가 점점 머릿속에 자리를 잡아가고 있을 것이다.

경제에는 플로Flow와 스톡Stock이라는 개념이 있다. 플로(흐름)는 1년이나 4분기라는 일정 기간 내에 회사가 어떻게 달려왔는지가 보인다. 그 기간의 매출액, 비용, 이익을 반영한다.

스톡은 잔고의 이미지다. 2023년 3월 말이라는 특정 시점에 회사의 상태를 보는 것이다. 차입금이 얼마나 있는지, 자본은 얼마나 쌓였는지, 어떤 자산을 소유했는지가 나타난다.

욕조로 비유하면 뜨거운 물을 넣거나 마개를 빼고 흘려보내는 것이 플로다. 초당, 분당으로 유입되거나 유출되기도 한다. 욕조에

2 기초부터 다시 생각하자

쌓인 물의 양은 스톡이 된다. 스톡은 지금까지 플로의 축적에 따라 정해진다. 스톡의 양을 바꾸려면 뜨거운 물을 더하거나 마개를 뽑아서 흘려보내 조절한다. 양쪽은 밀접하게 관련되어 있다.

연간 매출액이나 비용의 변동에 따라 회사에 쌓이는 자본의 양은 변한다. 그 자본의 양을 바탕으로 경영자는 자본 전략을 세우고, 공장을 짓거나 제품을 개발해서 재무상태표의 형태가 바뀌어 간다. 그 새로운 회사의 형태가 또 이익을 변동시켜 나간다.

ROE의 중요성은 점점 높아진다

플로와 스톡은 밀접하게 관련되어 있다고 했는데, 양쪽이 효율적으로 맞물려 있는지를 측정하는 지표가 ROE(자기자본이익률)다. ROE는 1년간의 순이익을 자본(순자산)으로 나누어 산출한다. 주주의 지분인 자본을 어떻게 활용해 이익에 연결하고 있는지를 보여주는 것이다.

자본(순자산)이 1억 엔(10억 원)인 레스토랑이 두 곳 있다고 하자. 레스토랑A의 순이익이 2,000만 엔(ROE 20%), 레스토랑B의 순이익이 400만 엔(ROE 4%)이라고 하면 **당연히 레스토랑A가 자본을 효율적으로 활용해 이익과 연결하고 있는 것이다.**

손익계산서

매출액 ○○○엔

영업이익 ○○○엔

⋮

순이익 2,000만 엔

재무상태표

자산

부채

순자산

1억 엔

2,000만 엔 ÷ 1억 엔

（순이익）　　（순자산）

ROE 20%

머릿속에 그리기 쉽도록 구체적인 예를 제시하겠다. 레스토랑A는 원래 셰프가 유명해서 고객 유치 능력이 높기 때문에 벌어들인 이익을 새로운 매장을 개점하는 데 돌리려고 한다. 반면 레스토랑B는 흑자를 내고는 있지만, 인기 매장은 아니다. 벌어들인 이익은 점주의 이동용 고급차 구매에 충당되었다고 하자.

극단적인 예시지만, 이렇다면 레스토랑B에 추가 출자를 하고 싶지 않을 것이다. 매장의 인기도 별로인데 고급차를 살 정도라면 차라리 주주들에게 배당금으로 돌려주기를 바랄 것이다.

ROE에서 따지는 것은 주주가 맡긴 귀중한 자본을 이익에 연결되도록 어떻게 활용하고 있느냐는 것이다. **ROE를 올리기 위해서는 과거 관례에 얽매이지 말고 장래에 제대로 수익을 창출하는 프로젝트나 자산에 돈을 돌리는 것이 중요하다.**

고급차를 구입하거나 하지 않더라도 관행처럼 채산이 맞지 않는 분야에 돈이 줄줄 새어나가면 ROE는 높아지지 않는다. 사업 정리에는 다양한 마찰이 따르지만, 리스크를 감수하고 결단을 내리는 것 또한 경영자의 일이다.

ROE를 높이려면 수익을 내는 것뿐만 아니라 자본을 압축하는 수단도 있다. 이익÷자본이 ROE이기 때문에 계산상 그렇게 된다. **자본을 압축한다는 것은 배당 등을 통해 주주에게 이익을 환원하는 것이다.**

예를 들어 자본이 1억 엔(10억 원)인 레스토랑B가 주주에게 2,000만 엔(2억 원)을 배당으로 주면 자본은 8,000만 엔(8억 원)으로 줄어든다. 만약 이익을 400만 엔(4,000만 원)으로 유지하면 ROE는 4%에서 5%로 높아진다. 다시 말해 "가게의 이익률에 기여 않는 고급차를 살 바에야 배당으로 환원하라."라는 말이다.

고급 차는 알기 쉬운 예시인데, 이런 구도는 대기업에서도 일어난다. 자본이 지나치게 쌓이고, 부실한 사업도 정리하지 않으면 주주들로부터 "배당을 더 늘려라. 쓸데없는 사업은 접어라."라는 압력이 강해진다. **일본 상장 기업의 ROE는 8% 정도가 중앙값이고 5% 전후인 곳도 적지 않다.** 미국에서는 20% 정도가 일반적이다. 일본은 자본을 효율적으로 활용하지 못하고 있다는 지적이 전부터 있었다.

도쿄 증권거래소는 2023년 3월 상장기업에게 자극을 주는 다음과 같은 취지의 요청을 내놨다.

"단순히 매출액이나 이익 수준만 의식하는 것이 아니라 재무상태표를 기반으로 하는 자본 비용과 자본 수익성을 의식한 경영을 실천 바란다."

이것은 "주주를 경시하는 경영에서 탈피하라."라고 말하는 것과 같은 엄격한 요청이다. 도쿄 증권거래소는 ROE가 낮은 것과 함께 이후에 다루는 PBR이라는 지표를 통해서도 일본 기업의 경영 과제를 지적하며 압박을 가했다. 이를 투자자와 미디어에서도 주목했고,

기업의 긴장감이 확 높아졌다. 2023년 4~6월에 일본 주식이 상승한 한 요인으로도 보고 있을 정도다.

제2장에서 주식이란 무엇인지, 결산이란 무엇인지 기본을 살펴보았다. 제3장에서는 제2장을 토대로 주가란 무엇인지 풀어가 보자.

제 3 장

주가는 ↗
무엇으로
움직이는가?

주가를 보는
세 가지 눈

주가는 왜 움직일까? 이번 장은 벌레, 새, 물고기라는 세 가지 눈으로 살펴보겠다. 이것이 무슨 이야기인지 지금은 의아할 수도 있다. 일단 세 가지 눈에 어떤 특징이 있는지 보자.

벌레의 눈은 가까운 거리부터 천천히 여러 각도에서 매사를 보는 눈이다.

새의 눈은 하늘에서 전체를 내려다보는 느낌이다.

물고기의 눈은 거리보다는 물의 흐름, 조류를 읽는 이미지다.

어느 눈이든 중요하며, 각 눈의 조합으로 주식시장이라는 복잡한 세계가 입체적으로 보인다. 좀 더 구체적으로 살펴보자.

벌레의 눈으로 보는 대상은 기업이다. 주가의 토대가 되는 것은 기업의 이익이다. 현재 수익력은 얼마나 되는가? 앞으로 성장할 것인가, 안정적인가, 쇠퇴할 것인가? 물론 이것을 정확하게 내다보는 것은 간단하지 않지만, 기업의 발표 자료나 뉴스를 최대한 읽어내면 타당한 주가가 보인다.

그런데 **주가는 개별 기업의 힘으로는 어쩔 수 없는 요인으로 크게 움직일 수 있다.** 그래서 중요한 것이 **새의 눈**이다. 국내나 세계의 경기는 어떠한가? 임금, 물가는 어떻게 되어 가는가? 금융정책이나 환율은 어떻게 움직이며 경제나 기업 수익에 어떤 영향을 미치는가? 이는 개별 기업의 프로젝트보다 상당히 큰 화제다. 하지만 이익에 직접적으로 영향을 끼치며, 당연히 주가도 좌우한다.

따라서 만약 도요타 주식을 샀다고 해도 도요타의 결산이나 도요타의 뉴스만 보면 되는 것이 아니다. 폭넓은 경제 뉴스에 주목해 그것이 도요타의 비즈니스에 어떤 영향을 주는지, 일상적으로 생각하는 시점이 중요하다.

주식시장에서는 각 기업의 움직임을 미시 경제, 경기나 정책을 거시 경제라고 부르는 경우가 있다. 미시 경제를 보는 벌레의 눈, 거시 경제를 보는 새의 눈이라고 할 수 있다.

그리고 **물고기의 눈**이 있다. 이는 기업이나 경기보다 가벼운 것일 수 있다. 세상에는 돌고 도는 유행이 있는데, 가령 최근 몇 년간은 AI가 큰 화제가 되어 세상이 어떻게 변할지, 어떤 기업이 뚫고 나갈지 주식시장에서 뜨거운 화제가 되었다. 물론 답은 바로 알 수 없다. 그래도 다음에 화제가 될 만한 쪽으로 큰돈이 움직이면 주가도 크게 요동친다.

그 기업이 장기적으로 정말 수익을 낼지 불확실해도 많은 투자자의 기대가 모여 큰돈의 흐름이 생기면 주가는 오른다. 반대로 기업의 실체가 탄탄해도 투자자가 떠나면 주가는 하락한다. 이런 **시장의 분위기나 돈의 흐름을 보는 눈**은 벌레의 눈, 새의 눈과는 또 다른 **물고기의 눈**이라고 할 수 있다.

이 세 가지 눈을 조합하는 것이 중요하다. 예를 들어 엔화 약세가 진행되어 외국인 관광객이 급증하는 것은 새의 눈일지도 모른다. 하지만 이를 받아 기업이 대응책을 강구하거나 수익이 확 오르면 벌레의 눈이다.

혹은 경기가 침체되는 와중에도 기대감 때문에 주가가 많이 올랐다고 하자. 이것은 물고기의 눈에 가깝다고 할 수 있다. 그런데 주가가 오르면 주식을 가진 개인들의 주머니가 두둑해지면서 소비가 늘어날 수 있다. 이것은 새의 눈이다. 주가가 높아져 기업이 증자해 새로 자금을 조달하면 벌레의 눈이다.

벌레, 새, 물고기라는 세 가지로 나누었는데, 다양한 뉴스와 데이터는 여러 곳에서 연결된다. 이를 개개의 사건으로 치부하는 것이 아니라 **세 가지 눈을 조합해 세상의 움직임에 머리를 굴려보면 주가가**

왜 움직이는지 이해가 깊어진다.

그렇게 생각을 굴려 무언가를 깨닫거나 놀라움을 느끼면 경제나 사회를 보는 눈도 길러진다. 이것은 제1장에서도 이야기한 '투자를 통해서 얻을 수 있는 돈 이외의 가치'도 된다.

그러면 우선 가장 이해하기 쉬운 벌레의 눈부터 살펴보자.

스튜디오 지브리의
가치를 생각해 보자

2023년 9월 니혼테레비日テレ가 스튜디오 지브리**Studio Ghibli**를 자회사로 만든다는 뉴스가 세상을 떠들썩하게 했다. 니혼테레비가 지브리의 주식을 42.3% 취득한 것이다. 과반은 아니지만, 지브리의 사장은 니혼테레비의 후쿠다 히로유키福田博之가 맡아 실질적인 지배 기준으로 자회사가 된다는 것이었다.

발표 시 주식 취득액은 공표되지 않아 지브리의 가치가 얼마인지 화제가 되기도 했다. 그래서 많은 사람에게 친숙한 지브리를 소재로 '기업 가치'에 대해 쉽게 생각하는 것부터 벌레의 눈에 들어가고자 한다.

지브리는 상장되어 있지 않아서 상세한 재무제표나 주주 구성은 공개되어 있지 않다. 단서가 되는 것은 결산 공고다. 〈3-1〉의 표는 2023년 3월 시점의 대략적인 재무상태표다.

먼저 살펴보기 쉬운 것은 아래에서 두 번째 '당기순이익'이다 2022년 4월~2023년 3월 1년 동안 순이익(세금 등을 뺀 최종 이익)은 34.3억 엔(343억 원)이었다.

애니메이션 업계에서 기업 가치는 1년 순이익의 30배 정도가 일반적이다. 참고로 이 비율은 나중에 설명하는 PER라고 불리는 것이다. 결산 공고의 순이익으로 단순 계산하면 지브리의 기업 가치는 약 1,000억 엔(34.3억 엔×약 30배)이 된다.

한편 주주 자본은 281억 엔(2,810억 원)이다. 제2장에서 살펴봤듯이 주주 자본은 과거에 주주가 출자한 돈이나 기업이 벌어들여 사내에 자본으로 축적한 돈이다. 장부상의 기업 가치라고 할 수 있다. 장부대로라면 지브리의 가치는 281억 엔이다.

그러나 제2장의 레스토랑 예시에서 봤듯이 인지도가 높고 인기가 있는 기업은 현재 자본 이상의 가격으로 사려는 사람이 존재하기 마련이다. 주주 자본의 두 배라도 내겠다는 사람이 나오면 562억 (5,620억) 엔이 될 것이다. 이 비율은 나중에 설명할 PBR(주가순자산비율)이다. PER 30배로 봤을 때의 1,000억 엔(1조 원)에 비해 조금 값이 내려간다.

니혼테레비는 지브리 주식을 취득하는 데 있어 이익이나 자본을

제21기 결산공고

2023년 6월 26일

도쿄도 고가네이시 가지노초 1초메 4번 25호

주식회사 스튜디오 지브리

대표이사 스즈키 도시오

대차대조표의 요지

(2023년 3월 31일 현재)　　　　　　　　　　　　　　(단위: 백만 엔)

과　　목		금　　액
자산 부분	유동자산	22,125
	고정자산	9,054
	합　계	**31,179**
부채 및 순자산 부분	유동부채	3,014
	주주자본	28,165
	자본금	10
	자본잉여금	2,774
	이익잉여금	25,380
	기타이익잉여금	25,380
	(당기순이익)	(3,430)
	합　계	**31,179**

근거로 다양한 기준을 세워 기업 가치를 측정했을 것이다. 만약 지브리의 가치가 1,000억 엔이고 니혼테레비와 지브리 주주의 절충이 이루어졌다면 니혼테레비의 취득액은 423억 엔(42.3% 취득이므로)이 된다. 니혼테레비는 2023년 3월기~2025년 3월기에 합계 1,000억 엔의 전략적 투자를 실시할 방침이다. 지브리 인수는 이 범위 내에서 충당한 것으로 보인다. 조금 전의 임시 추산인 423억 엔과 큰 차이는 나지 않는다.

2022년 스즈키 도시오鈴木敏夫 프로듀서가 니혼테레비의 스기야마 요시쿠니杉山美邦 회장에게 어느 온천 숙소에서 주식 취득을 타진했다고 한다. 1,000억 엔의 투자 범위에 IP(지적 재산)의 개발, 콘텐츠 제작 체제의 강화가 포함되어 있다. 스즈키 프로듀서의 제안을 받아 니혼테레비 내부에서 신속한 검토가 이루어진 흔적이 보인다.

다시 한번 재무상태표를 보자. 이번에는 자산을 살펴본다. 총 자산은 311억 엔(3,110억 원)이다. 그중 유동자산(현금화하기 쉬운 자산)은 221억 엔(2,210억 원), 고정자산(토지, 건물, 설비 등)은 90억 엔(900억 원)이므로 유동자산의 비율이 높다.

애니메이션 제작 회사는 자동차 제조사처럼 규모가 큰 공장이나 설비는 필요 없다. 비교적 가벼운 업태라고 할 수 있다. 다시 말해 재무상태표에 실리지 않는 자산이 존재한다.

제21기 결산공고

2023년 6월 26일
도쿄도 고가네이시 가지노초 1초메 4번 25호

주식회사 스튜디오 지브리
대표이사 스즈키 도시오

대차대조표의 요지

(2023년 3월 31일 현재)   (단위: 백만 엔)

과 목		금 액
자산 부분	유동자산	22,125
	고정자산	9,054
	합 계	**31,179**
부채 및 순자산 부분	유동부채	3,014
	주주자본	28,165
	자본금	10
	자본잉여금	2,774
	이익잉여금	25,380
	기타이익잉여금	25,380
	(당기순이익)	(3,430)
	합 계	**31,179**

예를 들어 제작 직원은 회사의 소유물이 아니기 때문에 재무상
태표의 자산에 계상되지 않는다. 그러나 인적 자산, 인적 자본이라
고 일컬어지듯이 중요한 가치가 있다.

무엇보다 미야자키 하야오宮崎駿라는 인물의 가치는 재무상태표에 실려 있지 않다. 미야자키 하야오의 작품이 아니더라도 지브리 작품이라는 브랜드만으로 고객 유입을 기대할 수 있지만, **이 지브리라는 무형 자산은 기본적으로 재무상태표에 실리지 않는다.**

일본의 대표적인 상장 기업 중에서는 닌텐도와 가까운 점이 있을 것이다. 일본을 대표하는 콘텐츠 기업이지만, 닌텐도는 공장이 없고, 마리오를 비롯한 브랜드, 미야모토 시게루宮本茂를 필두로 한 우수한 크리에이터가 기업 가치의 원천이 되고 있다.

참고로 닌텐도의 기업 가치는 장부상 주주 자본의 약 3배로 높게 평가되고 있다. 지브리도 PBR을 3배로 하면 시가총액은 843억 엔(8,430억 원)이다. PER에서 본 기업 가치와 가깝다.

또한 지브리에 채무는 거의 없다. **콘텐츠는 인적 자본으로 창출되는 면이 많고, 큰 설비나 원재료비가 들지 않는다.** 이 점도 닌텐도와 겹치는 점이 있다. 재무 체질의 건전성은 매우 높다고 할 수 있다.

재무제표에 나타나는 데이터에 비해 인적 자본이나 브랜드의 가치를 산출하는 것은 쉽지 않다. 예를 들어 미야자키 하야오가 은퇴하면 향후 콘텐츠 역량은 크게 약화할 가능성이 있다. 한편 〈바람계곡의 나우시카〉는 영화를 개봉한 지 곧 40년이 되는데, 매년 텔레비전에 방송되어 누계 방송 회수는 20회를 넘었고, Blu-ray나 관련 상품도 오랫동안 수입을 내고 있다. 세대를 초월한 인기 덕분에 미야자키 하야오가 은퇴해도 지속적인 수익을 충분히 유지할 수 있다는 기대도 있다.

이런 브랜드 가치를 바탕으로 지브리의 기업 가치를 가늠하는 것은 정말 어렵다. 누구나 납득하는 금액은 없고, 니혼테레비의 취득액도 궁극적인 정답이라고는 할 수 없다.

여러분은 지브리의 기업 가치가 얼마라고 생각하는가?

어느 정도의 PER, PBR이면 주식을 사고 싶은가?

이를 조금 생각해 보면 흥미로울 것이다. 뒤에서 다시 지브리의 기업 가치를 소재로 생각해 보겠다.

타당한 주가를 찾는
세 가지 지표

지브리의 설명에서 PER과 PBR이라는 말이 나왔다. 이제부터 이 기준에 대해 생각해 보자.

A사의 주가가 1,000엔(1만 원)에 거래되고 있다고 하자. 여러분이 '이 주식은 원래 1,500엔(1만 5,000원) 정도의 가치가 있을 거야.'라고 생각하면 매수해도 될 것 같지만, 애당초 본래의 주가가 얼마인지는 쉽게 알 수 없다.

다만 주가가 타당한지, 비교적 비싼지, 비교적 저렴한지를 측정하는 지표가 몇 가지 있다. 대표적인 것이 배당수익률, PER(주가수익률), PBR(주가순자산비율)이다. 계산식은 〈3-2〉와 같다.

① 배당수익률
   = 1주당 배당 ÷ 주가(배당총액 ÷ 시가총액)

② PER(주가수익률)
   = 주가 ÷ 1주당 이익(시가총액 ÷ 순이익)

③ PBR(주가순자산비율)
   = 주가 ÷ 1주당 순자산(시가총액 ÷ 순자산)

주가가 분모에 있거나 분자에 있기도 해서 조금 혼란스러울 수도 있다. 다만 내용은 단순하다. 주가를 ① 배당, ② 이익, ③ 제2장에서 배운 순자산과 비교하는 것이다. 이 외에도 많은 지표가 있고, 지표로는 측정할 수 없는 기업의 가치도 있다. 단 이 세 가지는 많은 투자자가 의식하는 지표다.

내 식대로 형용사를 붙이자면 '일본인에게 가장 인기 있는 배당수익률' '가장 많이 사용되는 지표 PER' '주목도 급상승의 PBR'이라고 하겠다.

다음 항목에서 차례로 살펴보겠다. 기본적인 내용이나 일본 주식의 사례를 전달하면서, 배당수익률이나 PER이 무엇인지 알고 있다고 생각하는 사람도 다시금 그 의미를 생각할 수 있도록 궁리하면서 글을 썼다.

참고로 배당수익률, PER, PBR은 인터넷에서 주가를 검색하면 무료 사이트에서도 나온다.

벌레의 눈

일본인이 좋아하는 배당수익률

세 가지 지표 중에서도 일본의 개인 투자자에게 가장 인기 있는 것이 배당수익률이다. 이를 기준으로 종목을 선택하는 사람도 많다.

예를 들어 주가가 1,000엔(1만 원)이고, 연간 배당이 30엔(300원)이라면, 30÷1000=3%가 된다. 이것이 배당수익률이다. 일단은 이미지로 알기 쉽도록 표로 만들었다. 다음은 일본을 대표하는 20개 사의 배당수익률이다.

주요 기업에서는 2% 내외가 평균적이다. 0%대인 곳도 있고, 5% 정도인 곳도 있어서 차이가 있다.

배당수익률이 2%인 주식에 100만 엔(1,000만 원) 투자하면 연 2만 엔(20만 원)의 배당을 받을 수 있다. 실제로는 2만 엔에 20%(한국은

도요타 자동차	2.25%
미쓰비시 UFJ 파이낸셜그룹	3.24%
NTT	2.85%
소니 그룹	0.61%
키엔스	0.48%
패스트 리테링일	0.90%
미쓰비시상사	2.93%
KDDI	3.01%
미쓰이스미토모 파이낸셜 그룹	3.63%
소프트뱅크 그룹	0.72%
도쿄 일렉트론	1.41%
오리엔탈 랜드	0.21%
신에쓰화학공업	1.91%
주가이제약	1.63%
히타치제작소	1.49%
이토추상사	2.61%
리쿠르트 홀딩스	0.46%
미쓰이물산	2.97%
소프트뱅크(통신)	4.97%
닌텐도	2.61%

(출처: QUICK FactSet 2023년 11월 17일 시점 최근 예상 배당기준 주식분할회사 제외)

15.4%-옮긴이) 정도가 과세되기 때문에 실수령액은 1만 6,000엔(16만원) 정도다. 일본의 은행 예금 이자는 오랫동안 거의 제로였기 때문에 2%는 매우 크게 느껴진다.

일본인은 배당수익률을 좋아한다는 지적이 있는데, 오랫동안 지속된 제로 금리의 영향이라고 할 수 있다. 그리고 오르내리는 주가의 손익보다 배당으로 받을 수 있는 돈이 실감이 크다는 심리적인 면도 자주 언급되는 요인이다.

실제로 주식 잡지의 특집 기사에서도 배당수익률은 자주 등장한다. SNS에서는 배당수익률에 주목한 종목 일람표도 자주 볼 수 있다. 고배당주에 특화한 투자신탁도 많이 있다.

그렇다면 고배당 수익률의 주식을 사두면 좋을까? 그것은 그리 단순한 문제가 아니다. 이어서 살펴보자.

고배당에는
이유가 있다

여기서 조금만 계산을 해보자. 주가가 2,000엔(2만 원)이고 연간 배당이 100엔(1,000원)인 주식의 배당수익률은 5%다. 이는 고배당주에 속한다.

만약 많은 사람이 이 주식을 보유하는 것이 이득이라고 생각하면 어떻게 될까? 돈을 많이 투자해서라도 이 주식을 사는 사람이 자꾸 생길 것이다.

주가가 2,500엔(2만 5,000원)이 되고, 배당금이 그대로 100엔(1000원)이라면 수익률은 어떻게 되는가? 100÷2500＝4%다. 배당이 그대로일 때 주가가 오르면 배당수익률은 떨어진다. 단순한 나눗셈의 이야기다.

이를 통해 내가 하고 싶은 말은 배당수익률이 높은 데는 그만한 이유가 있다는 것이다. **만약 높은 배당수익률이 매력적이어서 투자자들이 몰리면 주가는 오르고 배당수익률은 떨어진다.** 배당수익률이 높은 상태라는 것은 수익률이 높은데도 매수 주문이 별로 들어가지 않는다는 뜻이기도 하다.

주식시장은 전 세계 투자자들이 돈을 벌 기회를 노리고 거래하고 있다고 했다. **즉 누가 봐도 이득이라는 종목은 존재하지 않는다.** 반대도 마찬가지다. 배당수익률이 0%대인 종목은 매력이 없는 것처럼 비칠 수도 있다. 하지만 정말 매력이 없다면 주식 매수자가 생기지 않아서 주가가 점점 하락하고 배당수익률은 올라갈 것이다.

결국 배당수익률이 0%대인 것은 그래도 확실히 매수자가 생길 정도로 배당수익률 이외의 매력이 있다는 뜻이다.

그러면 어떤 종목이 고배당, 저배당인지 다음에서 살펴보자.

3 주가는 무엇으로 움직이는가?

고배당주, 저배당주의 특징은?

일본의 주요 기업 100개 사 중 배당수익률이 높은 기업 10개 사와 낮은 기업 10개 사를 나열해 보았다. 대략적으로 말해 고배당주는 성숙 기업이 많고, 저배당주는 성장 기대가 높은 기업이 많다.

앞서 언급했듯이 배당수익률이 높은 데다가 성장 기대가 높아 배당이 더 증가할 것으로 보이면 그 주식을 매수하는 사람이 많아져서 주가가 상승해 배당수익률이 떨어지기 때문이다.

다만 이는 어디까지나 대략적인 경향으로, 실제로는 다양한 사정이 존재한다.

높은 기업 10개 사

덴소	5.04%
일본담배산업(JT)	4.98%
소프트뱅크(통신)	4.88%
솜포 홀딩스	4.66%
다케다약품공업	4.46%
이스즈 자동차	4.45%
일본제철	4.36%
MS&AD 홀딩스	4.29%
미쓰이스미토모 트러스트 홀딩스	4.12%

낮은 기업 10개 사

르네사스 일렉트로닉스	0.00%
오리엔탈 랜드	0.21%
넥슨	0.33%
리크루트 홀딩스	0.46%
키엔스	0.48%
레이저텍	0.59%
소니 그룹	0.61%
PPIH	0.62%
HOYA	0.65%
반다이남코 홀딩스	0.66%

(출처: Quick Factset 2023년 11월 17일 시점)

대표적인 이유를 〈3-5〉 표에 몇 가지 나열했다. 이렇게 여러 가지 사정이 있다. 배당수익률이 평균 2% 정도라 하더라도 사정은 다양하다.

이 때문에 표면적인 배당수익률만으로 판단할 것이 아니라 각각의 종목이 왜 그 배당수익률인지를 개별적으로 살펴봐야 한다.

예를 들면 과거 10년에 걸쳐 배당이 안정적인지, 증가 경향인지, 앞으로의 전망은 어떠한지를 보는 것이다. 그리고 배당의 원금이 되는 이익을 내는 능력이 현재 어떤 상태이고, 앞으로 늘어날 가능성이 있는지 다각도로 살펴볼 필요가 있다.

고배당 수익률	저배당 수익률
· 성숙(or쇠퇴) 단계에 있다=장기적으로 지금의 이익과 배당을 유지하기 어려울 가능성 · 어떤 충격으로 주가가 현저하게 하락했다 · 배당수익률 계산에 사용되는 이번 분기의 배당이 일시적으로 높아졌다(다음 분기에는 수익이 대폭 감소할 가능성이 있다)	· 저배당 수익률이라도 주식을 사고 싶어 하는 투자자가 많다(성장 기대 등) · 이익을 배당으로 주주에게 환원하기보다 유망한 사업 투자로 돌려 중장기적으로 기업을 확대하는 것이 합리적이라고 보고 있다 · 적자 등 실적이 안 좋아서 배당이 제로(or적음)=나쁜 저배당 수익률

그래도 배당수익률에는
위력이 있다

슈퍼에서 할인하는 제품은 유통기한이 얼마 남지 않았다는 식으로 이유가 있는 경우가 많다. 이유도 없이 인기 있는 상품을 할인한다면 바로 팔릴 것이다. 앞의 항목에서 설명한 것처럼 고배당주도 성장 기대가 부족하다는 식의 이유가 여러 가지 있을 수 있다.

그런데도 고배당 수익률에는 투자자를 끌어들이는 위력이 있다. 일본은 오랫동안 저금리가 이어지고 있어 이율이 3%나 4%라고 하면 그것만으로 강한 매력을 느끼는 개인 투자자가 많다.

고배당주에 특화된 투자신탁도 있다. 즉 **이유가 있다고 해도 배당 수익률이 어느 정도 높아지면 사고 싶어 하는 사람이 금세 나타나는 면이 있다.**

예를 들어 SNS나 잡지에는 고배당 수익률 순위 등이 특집 기사로 자주 등장한다. 그렇게 투자자의 눈에 쉽게 띄고, 실제로 매수 주문까지 이어진다.

가장 많이 쓰이는 기준 PER

배당수익률이 일본인에게 가장 인기가 있다고 했지만, 글로벌한 관점, 혹은 일본의 전문 투자자(기관 투자자) 사이에서 가장 사용되는 기준은 PER(주가수익률)이다.

배당수익률은 배당과 주가의 관계였지만, PER은 이익과 주가의 관계다. 주당 이익이 100엔(1,000원)인데 주가가 2,000엔(2만 원)이라면 2000÷100으로 PER은 20배가 된다.

여기에서도 일본의 주요 기업 20개 사의 PER을 살펴보자.

(배)

도요타 자동차	10.14
미쓰비시 UFJ 파이낸셜 그룹	8.39
NTT 데이터	20.16
소니 그룹	18.51
키엔스	42.36
패스트 리테일링	37.99
미쓰비시상사	11.09
KDDI	14.5
미쓰이스미토모 파이낸셜 그룹	12.4
소프트뱅크 그룹	—
도쿄 일렉트론	32.97
오리엔탈 랜드	78.57
신에쓰화학공업	17.15
혼다	8.73
히타치제작소	14.2
이토추상사	12.24
리크루트 홀딩스	25.34
미쓰이물산	8.36
소프트뱅크(통신)	13.92
닌텐도	17.07

(출처: Quick Factset 2023년 11월 17일 시점 이익은 최근 본결산을 토대로 함. 소프트뱅크 그룹은 적자)

10배 대의 기업이 많다. PER이 높다는 것은 지금 벌어들이는 수익 대비 다른 종목과 비교해 주가가 높다는 말이다. 반대로 PER이 한 자릿수인 기업은 가장 최근의 수익을 바탕으로 하면 주가가 부진하다는 의미다.

그리고 PER도 배당수익률과 마찬가지로 높으면 과대평가라는 식으로 단순하게 판단할 수 있는 것이 아니다. 높으면 높은 대로, 낮으면 낮은 대로 이유가 있다.

PER 산출에 사용되는 이익은 2장에서 언급한 순이익이다. 여러 가지 비용과 세금을 제하고 남는 마지막 이익이다. 이것은 주주의 것이었다. 순이익은 내년에도 내후년에도 쌓일 것이고, 그것도 주주의 것이 된다. 장래에 얻게 될 순이익을 축적한 것이 주식의 가치, 즉 주가를 판단하는 토대가 된다. 그렇다고 해도 내년 이후의 정확한 이익은 경영자도 알지 못한다. 하물며 5년 후, 10년 후라고 하면 더욱 불확실하다.

그 와중에도 투자자들은 장래의 시나리오를 이리저리 그려본다. 만약 순이익이 앞으로 몇 년 동안 쭉 성장한다면 PER은 더 높아도 좋을 것이다. 반대로 앞으로 이익이 한계점에 도달해서 감소 추세에 있다고 여겨지면 PER이 10배 아래로 떨어져도 투자자의 매수 주문이 잘 들어오지 않을 수 있다. 올해만 특별히 이익이 급증했을 때도 PER은 낮아질 수 있다.

배당수익률과 마찬가지로 PER 숫자만으로 판단하는 것이 아니라 현재 그 기업의 이익 체질이나 전망을 근거로 해서 그 PER이 어떻게 성립되어 있는지를 생각해야 한다.

적자라도 기대가 높으면 주가는 거대해진다

또 하나, 최근 몇 년간 GAFAM(구글, 애플, 페이스북, 아마존, 마이크로소프트-옮긴이)과 나란히 주목을 끈 것이 EV(전기 자동차) 기업 테슬라다.

그림 〈3-7〉에서 도요타의 시가총액과 비교해 보았다. 2020년 단숨에 역전해 한때 테슬라가 도요타의 5배까지 상승하기도 했다. 환경 의식이 높아지면서 EV에 거는 기대가 커진 것과 동시에 일론 머스크 CEO의 파격적인 경영이나 유명세가 혁신 기업의 대표 격으로 여겨졌기 때문이다.

2020년 당시에는 테슬라가 적자 기업이었음에도 매년 조 엔 단위의 이익을 내는 도요타를 제친 것이 세계적인 뉴스가 되었다.

제2장에서 주가는 현재보다 미래를 보고 결정된다고 했는데, 바

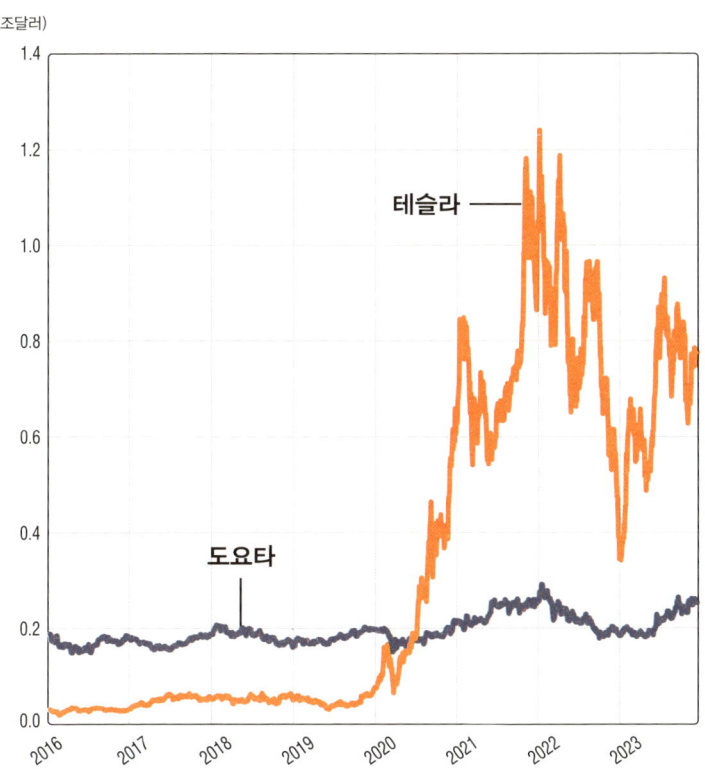

(조달러)

테슬라

도요타

(출처: QUICK FactSet 2016년 1월~2023년 12월 11일 시점)

로 그 좋은 예시다. 물론 5년 후, 10년 후 테슬라가 곤경에 처할 위험도 있다. 그러나 테슬라의 비즈니스 모델과 기술력, 일론 머스크의 경영 수완에 대한 기대로 현 상황에서는 비록 적자임에도 주가는 단숨에 급격히 상승했다.

다만 2020~2021년은 테슬라의 실력만으로는 설명할 수 없을 정도의 주가 상승이 있었다. 그리고 2022년에는 테슬라의 실태가 그렇게 달라진 것도 아닌데 주가가 크게 하락했다.

그 배경에는 도대체 무엇이 있을까? 복잡하지만 주가를 볼 때의 세 가지 핵심인 기업, 자금, 거시 경제 중에서 자금이 영향을 미치고 있었다. 이 점은 나중에 물고기의 눈 파트에서 살펴보겠다.

벌레의 눈

PBR, 장부의 가치와
시장의 가치

제2장에서 배운 재무상태표 상의 주주 자본(순자산)과 주가(시가총액)를 비교한 것이 PBR이다. 다시 한번 스튜디오 지브리의 사례로 이해를 넓혀보자.

지브리의 재무상태표 중 주주 자본(순자산)은 281억 엔이(2,810억 원)다. **이것이 장부상의 회사 가치다.** 그러면 여러분이 지브리를 매수한다고 하면 얼마를 내겠는가? 즉 '장부상의 가치가 281억 엔에 해당하는 이 회사의 주식을 전부 산다면'이라는 말이다.

지브리의 재무상태표에서는 유동자산이 221억 엔(2,210억 원), 고정자산이 90억 엔(900억 원)이다. 유동자산은 예금, 외상 매출금 등 즉시 현금화하기 쉬운 것이다. 고정자산은 건물, 토지, 자동차, 기

제21기 결산공고

2023년 6월 26일
도쿄도 고가네이시 가지노초 1초메 4번 25호

주식회사 스튜디오 지브리
대표이사 스즈키 도시오

대차대조표의 요지

(2023년 3월 31일 현재)   (단위: 백만 엔)

과 목		금 액
자산 부분	유동자산	22,125
	고정자산	9,054
	합 계	**31,179**
부채 및 순자산 부분	유동부채	3,014
	주주자본	28,165
	자본금	10
	자본잉여금	2,774
	이익잉여금	25,380
	기타이익잉여금	25,380
	(당기순이익)	(3,430)
	합 계	**31,179**

기 등 바로 현금화하기 어려운 것이다.

이런 자산도 당연히 가치가 있지만, 지브리의 가치는 예금, 건물처럼 측정하기 쉬운 항목에만 있지 않다. 인재, 브랜드, 앞으로 만

들어질 작품에 거는 기대 등은 재무상태표에 나와 있지 않다.

그렇다면 장부상의 가치는 281억 엔이라도 "500억 엔(5,000억 원)을 내겠다." "아니, 1,000억 엔(1조 원) 내겠다."라는 사람이 나타날 수도 있다. 만약 1,000억 엔의 값이 매겨진다면 PBR은 1000억÷281억=3.6배가 된다. PBR이란 Price Book-value Ratio. 즉 실제 가격 Price과 장부상 가치 Book-value의 비율 Ratio이다.

다른 애니메이션 회사도 가정해서 생각해 보자. 지브리와 재무상태표가 정확히 같고, 장부상 가치가 281억 엔인 회사가 있다. 다만 이 회사는 과거에 있던 우수한 직원들이 떠나갔고, 최근에는 히트작도 잘 나오지 않는다. 장래에 거는 기대도 희박하다고 하면 281억 엔이라도 사고 싶지 않을 수 있다. 이렇게 되면 PBR은 1배 아래로 떨어진다. **즉 같은 재무상태표라도 그 회사의 실력이나 브랜드, 성장 기대에 따라 장부상 자본 가치에 대한 평가는 달라진다는 말이다.**

PBR이 낮은 기업은
낭비가 많다

여기에서는 제2장에서 소개한 레스토랑 경영 사례를 들어보겠다.

첫 번째 점포의 운영이 순조로워서 손님이 끊이지 않아 매장을 확장하기로 했다고 하자. 은행에서 새롭게 300만 엔(3,000만 원)을 빌려서 재무상태표로 하면 〈3-8〉의 표처럼 변화가 있다.

이때 위아래의 재무상태표에서 주주 자본(순자산)은 합계 300만 엔으로 변화가 없다. 여러분이 이 회사를 평가한다면 전과 후 중 어느 쪽이 더 매력적일까?

두 번째 점포를 내도 손님이 끊이지 않는다면 이익은 더 확대된다. 그러나 확대 경영이 기대와 어긋나 손님이 뜸해져 두 번째 점포는 적자가 될 가능성도 있다. 게다가 은행의 이자 지급 부담은

3 주가는 무엇으로 움직이는가?

증가하고 있다.

이와 같이 새로운 설비 투자도 기업의 수익력에 따라 평가가 달라진다. 전자와 같이 확실히 이익을 창출해 자산을 늘리는 경영은 자본 효율이 좋아 PBR도 올라간다.

알기 쉬운 예를 들어보자. 은행에서 추가로 빌린 300만 엔을 새 점포가 아니라 점주의 이동용 고급차 구매에 사용했다고 하자. 사장은 쾌적하게 이동할 수 있을지 모르지만, 레스토랑의 수익 향상과는 무관해 보인다. 이는 자본 효율에 악영향을 끼쳐서 PBR이 점점 떨어질 것이다.

머릿속에 떠올리기 쉽도록 단순하고 다소 극단적인 예를 내놓았다. 하지만 기업 경영의 본질적인 일면이기도 하다.

회사의 경영자는 주주가 맡긴 자본을 잘 활용해 수익을 내고, 기업을 성장시키는 것이 업무다. 쓸 수 있는 돈은 무한정하지 않다. 유망한 것에 자원을 쏟아붓고, 쓸데없는 것은 줄여가는 경영 수완과 결단이 꼭 필요하다.

상장 기업이라도 전례를 답습하고 비효율적인 프로젝트나 공장을 남겨두기도 한다. 기업의 건전성 유지를 지나치게 의식해서 현금 예금을 과도하게 껴안고 있는 기업도 있다. 이런 기업은 자본 효율이 나쁜 기업으로 여겨져 PBR이 1배 밑으로 떨어질 수도 있다.

PBR이 1배 이하이다 = 해산하라?

주주 자본은 해산 가치라고도 한다. 기업이 사업을 중단하고 해산했을 때 주주에게 전달될 수도 있는 금액을 말한다.

다시 한번 레스토랑의 단순한 재무상태표를 보자. 이 매장이 해산하고 설비를 장부대로 150만 엔(1,500만 원)에 매각하면 원래 있던 현금 예금과 함께 300만 엔(3,000만 원)이 된다. 그리고 은행에 100만 엔(1,000만 원)을 갚으면 200만 엔(2,000만 원)이 남는다. 이 200만 엔이 주주에게 돌아온다. 장부에 적혀 있는 주주 자본 200만 엔과 일치한다.

이 매장에 대한 평가가 200만 엔을 밑돌고 있는, 즉 PBR이 1배 밑인 상태라는 것은 시장이 평가하는 가치(시가 총액)가 해산 가치

를 밑돌고 있는 상태다. 조금 거칠게 말하자면 주주에게 "사업을 지속하기보다 해산하는 편이 낫다."라는 말을 듣는 것과 같다.

물론 도표처럼 장부상 150만 엔의 자산, 예를 들어 레스토랑의 조리 기구 한 세트를 팔려고 해도 액면 그대로 팔린다고 할 수 없다. 따라서 정말로 해산하여 얻을 수 있는 돈과 장부상의 자본은 일치하지 않는다. 즉 PBR이 1배 아래라고 해서 정말 회사를 해산해도 좋다는 것이 아니다. 어디까지나 장부상의 기준이다.

그렇다고 해도 PBR이 1배 밑이라는 것은 상징적인 숫자다. 일본에서는 대기업이라도 PBR이 1배 아래인 경우가 적지 않은 것이 현실이다. 그 상황을 문제 삼은 것이 도쿄 증권거래소다. 다음 칼럼에서는 2023년에 화제가 된 도쿄 증권거래소의 '경고'를 확인하겠다.

도쿄 증권거래소의
PBR 1배 이하 개선 요청

도쿄 증권거래소는 2023년 봄 상장 기업에 대해 이례적으로 경영 개선을 요청했다. 다음이 간결하게 정리한 내용이다.

"PBR이 1배 이하로 떨어진 기업이 많아 자본을 효율적으로 수익에 연결한다는 의식이 약하다. 매출액과 이익뿐 아니라 자본 효율도 제대로 현황을 파악해 개선책을 검토하고 실행하기 바란다."

자본을 맡기고 있는 투자자가 어느 정도의 리턴을 기대하고 있고, 회사는 얼마나 효율적으로 자본을 활용하고 있는지, 확실히 생각하라는 이야기다.

도쿄 증권거래소는 〈3-10〉의 이미지로 현황 분석, 계획, 실행을 요청하고 있다. 모든 상장 기업이 그 대상이다.

자본 비용이나 주가를 의식한 경영의 실현을 향해서
다음 일련의 대응을 지속적으로 실시하기 바란다.

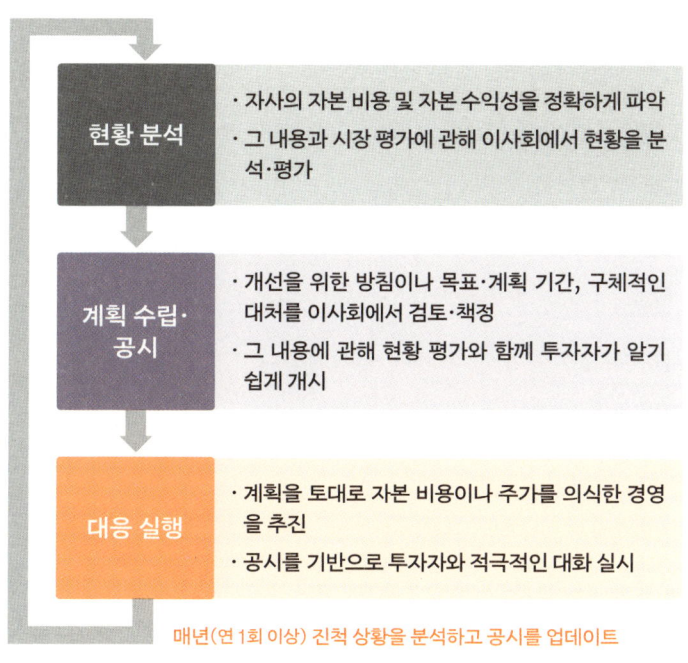

현황 분석	・자사의 자본 비용 및 자본 수익성을 정확하게 파악 ・그 내용과 시장 평가에 관해 이사회에서 현황을 분석·평가
계획 수립·공시	・개선을 위한 방침이나 목표·계획 기간, 구체적인 대처를 이사회에서 검토·책정 ・그 내용에 관해 현황 평가와 함께 투자자가 알기 쉽게 개시
대응 실행	・계획을 토대로 자본 비용이나 주가를 의식한 경영을 추진 ・공시를 기반으로 투자자와 적극적인 대화 실시

매년(연 1회 이상) 진척 상황을 분석하고 공시를 업데이트

(출처: 주식회사 도쿄 증권거래소 상장부 '자본 비용과 주가를 의식한 경영 실현을 위한 대응에 관해')

이전 칼럼에서 설명했듯이 PBR 1배 이하는 주주에게 "사업을 지속하기보다 해산하는 편이 낫다."라는 말을 듣는 것과 같은 사태다. 경영자에게는 당연히 달갑지 않은 평가다.

증권거래소가 이런 요청을 하는 것은 이례적이라고 할 수 있다. 다만 개인적으로는 긍정적으로 평가할 수 있는 행동이라고 본다.

도쿄 증권거래소가 지적하듯이 일본 기업의 PBR이나 ROE는 해외보다 낮은 편이고, 자본 효율이 높다고 말할 수 없다. 또 **자본 효율에 대해 주주와 솔직하게 대면했다고 말하기 어려운 면이 있었다.**

도쿄 증권거래소가 이 요청을 내자 미디어에서는 큰 화제로 다루었고, '도요타도 1배 이하' 'ㅇㅇ사는 0.5배도 안 된다'라는 실태가 많은 사람에게 알려지는 계기가 되었다. 1배 이하라는 수치가 얼마나 부끄러운 것인지 크게 인식되었다고 할 수 있다.

도쿄 증권거래소는 2024년부터 구체적으로 대응하는 기업의 일람표를 공표한다. 다시 말해 대응하지 않는 기업이 드러나게 되면 실질적으로 도쿄 증권거래소로부터 태만하다는 낙인이 찍힐 수 있다. 그러면 경영자의 과제 의식이 강해지고, 사내에서도 대응책의 검토가 단번에 진행될 가능성이 있다.

실제로 요청한 지 얼마 되지 않아 결산 발표 시 개선책을 공표하는 기업이 늘었다. 일본은 집단의식이 강하기 때문에 경쟁사가 시책을 내놓으면 다른 회사도 느긋하게 있지는 못할 것이다.

시가총액 순위로 보는
세계 기업 판도

제2장에서 일본 기업의 시가총액 순위를 소개했다. 전 세계 기업의 순위는 ⟨3-11⟩에 실어 두었다.

세계 최대인 애플을 필두로 미국 기업들이 눈에 띈다. 상위 40개 사 중 무려 28개 사가 미국 기업이다. 세계의 기술 혁신을 선도하고, 동시에 전 세계에서 투자 자금이 쏠리는 것을 상징하고 있다. 상위 기업에는 다음 항목에서 언급하는 거대 테크 기업 외에 비자나 월마트, 존슨앤존슨 같은 오래된 기업도 나열되어 있다.

미국 이외에서 가장 시가총액이 큰 곳은 사우디아라비아의 국영 석유기업인 사우디 아람코다. 루이비통 등으로 알려진 LVMH도 최근 주가 상승이 두드러진다.

순위	나라	기업명	시가총액 (조 달러)
1	미국	애플(Apple)	3.044
2	미국	마이크로소프트(Microsoft)	2.781
3	사우디아라비아	사우디 아라비안 오일(Saudi Arabian Oil)(Saudi Aramco)	2.132
4	미국	알파벳(Alphabet(Google))	1.699
5	미국	아마존(Amazon)	1.523
6	미국	엔비디아(NVIDIA)	1.173
7	미국	메타(Meta(Facebook))	0.855
8	미국	테슬라(Tesla)	0.775
9	미국	버크셔 해서웨이(Berkshire Hathaway)	0.771
10	미국	일라이 릴리(Eli Lilly)	0.568
11	미국	비자(Visa)	0.514
12	미국	유나이티드헬스(UnitedHealth)	0.508
13	대만	TSMC	0.471
14	미국	JP모건 체이스(JPMorgan Chase)	0.458
15	미국	브로드컴(Broadcom)	0.441
16	덴마크	노보 노디스크(Novo Nordisk)	0.436
17	미국	월마트(Walmart)	0.406
18	프랑스	LVMH 모엣 헤네시 루이 비통(LVMH Moet Hennessy Louis Vuitton)	0.400
19	미국	엑슨 모빌(Exxon Mobil)	0.399
20	미국	마스터카드(Mastercard)	0.387
21	중국	텐센트(Tencent)	0.372
22	미국	존슨앤존슨(Johnson & Johnson)	0.372
23	한국	삼성전자(Samsung Electronics)	0.368
24	미국	P&G	0.342

25	미국	홈디포(Home Depot)	0.325
26	미국	오라클(Oracle)	0.311
27	일본	도요타(Toyota)	0.303
28	스위스	네슬레(Nestle)	0.302
29	중국	구이저우 마오타이(Kweichow Moutai)	0.299
30	네덜란드	ASML	0.282
31	미국	어도비(Adobe)	0.278
32	미국	셰브론Chevron	0.272
33	미국	코스트코 홀세일(Costco Wholesale)	0.270
34	미국	애브비(AbbVie)	0.264
35	미국	머크(Merck)	0.263
36	프랑스	로레알(L'Oréal)	0.255
37	미국	코카콜라(Coca-Cola)	0.253
38	미국	뱅크 오브 아메리카Bank of America	0.245
39	미국	세일즈포스(Salesforce)	0.243
40	아랍에미리트	인터내셔널 홀딩스(International Holdings)	0.239

(출처: QUICK FactSet 2023년 12월 8일 시점)

일본의 선두는 27위를 차지한 도요타이다. 시가총액 상위 100에 항상 드는 것은 도요타뿐이다. 소니, 키엔스 등이 100위 이내에 드는 경우도 있지만, 도요타만 있는 시기도 많아서 일본의 존재감 하락을 보여준다.

주가는 치열한
줄다리기의 결과

제1장에서 주식시장은 전 세계의 돈과 지혜가 줄다리기하는 무대라고 표현했다. 주식시장에는 실로 다양한 사람들이 참여하고 있다. 소액의 개인 투자자도 있고, 거액의 자금을 운용하는 연금도 있으며, 고사양 컴퓨터를 이용해 초고속 거래를 하는 업자도 있다. 그리고 모두가 이익을 얻고 싶어 한다.

수십 년 전부터 있던 이론이 먹히는 여유로운 장소가 아니다. 상식이 뒤집히는 순간이 있고, 막대한 돈이 순식간에 움직인다. **주가든 환율이든, 나타나는 수치는 전 세계 투자자들이 혈투를 벌인 결과다.**

예를 들어 '경기가 좋아지면서 주가가 하락'하는 일도 일어날 수 있다. 전쟁이 시작되고 주가가 오르기도 한다. 어제까지 통용되던

이치가 전혀 통하지 않는다. 투자의 세계는 예상한 방향과 전혀 다르게 흘러가는 경제 드라마다. 책상에서 배우는 경제학 이론과 달리 하루하루의 생생한 사건을 어떻게 해석해 돈을 움직일 것인가? 전 세계 투자자들이 각축전을 벌이는 거친 풍경이 펼쳐진다.

그렇게 보면 막연히 "애플은 대단한 기업이니까 주가도 계속 오르겠지."라는 단순한 세계가 아니다. 최상의 상태로 보이는 기업이라도 사각지대가 보이거나 예상치 못한 환경 변화가 일어나면 당장 매도세로 돌아서는 투자자도 있다. 반대로 세상에서 아직 별로 주목받지 못하는 기업이라도 재빨리 강점을 간파해서 주식을 매수하는 투자자도 있다. **그럴듯한 말이나 탁상공론이 아닌, 치열한 줄다리기의 결과가 주가나 시가총액으로 나타난다.** 그 수치는 날마다 격변하고, 몇 달이 지나면 순위가 확 뒤바뀔 수도 있다.

물론 그것들이 기업의 가치를 정확하게 반영한다고는 할 수 없다. 그래도 전 세계의 지혜가 줄다리기한 결과이기 때문에, 누구 한 사람이 감각적으로 "A사는 대단하다."라고 말하는 것과는 사정이 다르다. 시가총액 순위나 그 변화는 세계적인 비즈니스 조류의 변화를 탐구하는 매우 편리한 가늠자라 할 수 있다.

지금까지 세계 상위 기업을 살펴보았는데, 국내 경쟁사와 시가총액으로 비교하면 어떤지, 차이가 벌어지는 이유가 무엇인지 생각해 보면 다양한 깨달음을 얻을 수 있다.

3 주가는 무엇으로 움직이는가?

기준은 중요하지만, 그 외에도 중요한 것이 있다

대표적인 기준으로 배당수익률, PER, PBR을 살펴봤다. 이런 것을 조합하면서 기업 가치를 찾아가는 것이 표준적인 방법이다. 다만 그 밖에도 여러 가지 기준이 있다. 그리고 기준만으로 측정할 수 없는 가치가 있다는 것은 지브리의 사례를 통해서도 잘 알았을 것이다.

최근에는 기업에서 개인 투자자를 대상으로 알기 쉽게 회사의 상황을 설명하는 일의 중요성이 높아지고 있다. 기업의 IR(투자자 대상의 홍보) 웹사이트에 가면 결산 설명회 자료도 보기 쉽게 정리된 기업이 많다. 통합 보고서라고 해서 사회적 책임CSR, 지배구조, 지적 재산이라는 비재무 정보를 정리한 자료도 충실하게 갖춘 경우도 많다. 기업 총수의 메시지도 첨부되어 있어서 그 회사를 더 깊이 인식할 수 있다.

스스로 1차 정보를 조사해서 각 기업의 과제나 경쟁사와의 차이를 알아보면, 보통의 기준으로 측정이 어려운 기업 가치에 대한 시야도 점차 넓힐 수 있다.

기업의 발표 자료만이 아니라 다양한 뉴스와 전문가의 분석을 더하는 것도 중요하다. 그리고 다음 항목 이후에 소개하는 새의 눈, 물고기의 눈도 함께 맞춰 보면 기업이나 경제가 더욱 입체적으로 보이게 된다.

새의 눈으로
보자

거시란 크다는 의미가 있다. 미시의 반대말이다. 주식시장에서는 개별 기업의 움직임을 미시 경제라고 하고, 경기, 물가, 금융정책, 재정정책 등 큰 규모의 화제를 거시 경제라고 한다. 그렇다면 왜 거시적으로 보는 시각이 중요할까? 전일본공수**ANA**를 예로 들어 살펴보자.

ANA의 수익은 기업의 자구 노력도 물론 중요하지만, 전체적인 경기에도 좌우된다. 여행하고 싶은 사람이 늘어나는가? 기업의 출장이 활발한가? 해외여행객은 외국의 경기에도 좌우된다. 엔화 약세가 진행되면 해외여행객이 쉽게 증가하고, 반대로 일본인의 해외여행은 줄어들기도 한다.

이처럼 ANA 자체의 미시적인 화제 이외에도 미래의 수익과 주가에 영향을 미치는 요인이 있다. 어느 하루 ANA의 사업 자체에 별다른 변화가 없어도 환율이나 미국 주식이 크게 움직이면 ANA의 주가도 영향을 받는다.

엔화 약세가 진행되면 관광업은 활기를 띠고, 도요타 같은 수출 기업의 채산도 좋아질 것이다. 반면에 수입 기업은 비용이 오른다.

이 외에도 "바람이 불면 나무통 장수가 돈을 번다."라는 말처럼 거시적인 시건이 여러 기업에 영향을 준다. 개별 기업을 다양한 각도에서 정밀하게 보는 것을 벌레의 눈이라고 한다면 경제·금융·정책 등 거시적으로 부감하는 것은 새의 눈이라고 할 수 있다. 둘 다 중요한 시점이다.

큰돈은
거시적으로 움직인다

일본의 상장 기업이 몇 개나 있을까? 2023년 11월 말 시점에서 3,920개 사가 있다. 이런 기업을 모두 치밀하게 분석해서 그중에서 유망한 종목을 선택하는 것은 현실적이지 않다. 이는 개인만이 아니라 많은 전문가가 모이는 기관 투자자도 어려운 일이다. 특히 세계적으로 돈을 움직이는 투자자라면 '벌레의 눈'으로 구석구석 살펴보는 것은 아무래도 한계가 있다.

그러므로 세계 전체의 경제 정세나 금융정책, 환율 등을 분석해 "이만큼의 자금을 일본의 주식에 할당하자."라고 판단하는 투자자도 세상에는 많다.

만약 해외 투자자가 일본 경제에 매력을 느껴 몇 개월 안에 몇조 엔이나 일본 주식을 순매수하면 일본의 개별 기업의 실력이 어떻든 다양한 기업의 주식도 오르기 쉬워질 것이다.

실제로 최근 1~2년 사이 일본 증시에는 그런 일이 일어나고 있다. 물가만이 아니라 임금도 상승하는 경향이 강해지고 있다. 외국인 관광객의 급증과 경제 대책도 맞물려 경기는 완만하게 확대되는 추세다. 계속해서 임금 인상 기조가 이어지고, 소비 의욕을 동반한 물가 상승이 계속되면 일본 경제의 지속적인 성장세도 기대할 수 있다.

이런 거시적 구조 변화의 기대로 인해 인덱스 투자처럼 일본 주식시장 전체에 투자하려는 해외 투자자도 증가했다. 이는 개별 기업을 보는 벌레의 눈과는 또 다른 움직임이라고 할 수 있다.

봐 두어야 할 지표도
계속 변화한다

그럼 어떤 경제 지표를 봐야 하는지 살펴봐야 할 것 같지만, 이는 한마디로 말하기 어렵다.

중학교나 고등학교 교과서에는 GDP(국내 총생산)가 중요한 지표라고 설명되는 경우가 있다. GDP는 국가가 창출하는 경제 가치를 보여주는 것으로 매우 중요하다. 국제적으로 비교하기도 쉽다.

다만 금융시장에서는 별로 주목받지 못한다. GDP는 발표되는 시점이 조금 느려서 깜짝 놀랄 만한 내용이 나오는 경우가 많지 않다. 따라서 **GDP보다 경기의 변화를 빠르게 보여주는 경제 지표가 더 주목받는 편이다.** 기업이나 가계에 대한 청취 조사는 경기 선행 지표라고도 한다. 또한 최근에는 전통적인 경제 통계뿐 아니라 신용카드 이용 현황이나 사람의 이동 등 다양한 빅데이터를 토대로 한 새로운 지표가 주목받기도 한다.

그리고 최근 몇 년은 물가에 대한 관심이 현저하게 높아졌다. 2021년경부터 세계적으로 기록적인 인플레이션이 일어나 각국 정부·중앙은행에도 매우 중요한 경제 과제가 되었기 때문이다. 이 때문에 각국의 CPI(소비자 물가지수)는 발표될 때마다 시장을 뒤흔드는 경우가 종종 있다.

제4장에서도 자세히 언급하겠지만, 미국의 경제 지표는 일본에서도 매우 주목하고 있다. 미국의 경기는 세계의 경기나 금융정책을 좌우하기 때문이다. 도쿄 금융시장에서는 일본의 경제 지표보다 미국의 경제 지표가 더 주목받는다고 해도 과언이 아니다.

특히 코로나 이후 물가와 임금 상황에 크게 주목하고 있다. 미국은 인원 해고나 채용이 일본보다 크게 움직이는 편이고, 경기의 변화가 빠르게 반영된다. 동시에 고용과 물가는 금융정책 운영에 크게 영향을 미치기 때문이다.

구체적으로 매월 초에 공표되는 미국 고용 통계나 매월 중순에 발표되는 미국 CPI는 세계 투자자들이 주목하는 지표로 발표 직후 주가가 요동칠 수 있다. 각 시기에 따라 주목받는 포인트는 달라진다. 주목받는 경제 지표도 해마다 변화한다. 따라서 '이 경제 지표만 파악해 두면 된다'라는 리스트는 존재하지 않는다.

내 X^{Twitter}의 계정(@goto_finance)에서 일본과 미국의 중요한 경제 지표를 빠르고 알기 쉽게 전달하고 있다. 무료로 팔로우할 수 있으니 괜찮다면 확인해 보기 바란다.

그렇다고 해도 전통적으로 주목받는 경제 지표도 있다. 세계 금융시장을 움직이는 미국의 경제 지표다. 이어서 대표적인 미국의 경제 지표 세 가지를 살펴보자.

중요한 미국 경제 지표 ①
미국 고용 통계

미국 고용 통계는 세계적으로 가장 주목받는 경제 지표로 꼽힌다. 시장 예상과 결과의 차이를 둘러싸고 금융시장을 종종 뒤흔든다. 그러나 일본과 유럽의 고용 데이터는 별로 주목받지 못한다. 왜 미국의 고용 통계에 이토록 주목하는가? 크게 네 가지 이유를 들어 보겠다.

이유① 신속한 정보 제공

미국 고용 통계는 기본적으로 매월 초 금요일에 전월 분이 발표된다. GDP 등과 비교해 정보 제공이 빠르고, 미국 경기의 현 상태와 변화를 재빨리 파악할 수 있다.

이유② 고용은 미국 경기의 거울

미국에서는 경기가 나빠지면 해고가 급증하고, 경기가 회복되면 채용이 급증한다. 일본에 비해 좋든 나쁘든 고용이 유동적이다.

코로나 사태였던 2020년 4월에는 2,000만 명이 넘는 사람이 일자리를 잃었지만, 2022년 6월에는 고용자가 코로나 전을 능가했다. 이 급격한 상승과 하강은 일본과 비교할 수 없다. 당연히 고용 상황의 변화에 따라 개인 소비나 기업 수익도 크게 변동한다. 이것이 고용 통계가 주목받는 커다란 포인트다.

이유③ 고용 극대화는 FRB의 사명

제4장에서 자세히 설명하겠지만, FRB(연방준비제도이사회, 이하 연준)의 금융정책은 물가의 안정, 고용 극대화를 목표로 하고 있다. 금융시장과 세계 경제를 좌우하는 미국 금융 정책의 판단의 열쇠 중 하나가 고용 통계다.

연준은 일본 등 다른 나라의 중앙은행보다 고용 상황의 변화를 중시한다. 이유②에서 말했듯이 미국은 그만큼 고용의 변동이 크고, 사회 안정이라는 관점에서도 연준이 중시하고 있다고 할 수 있다.

이유④ 인플레이션에 직결

연준의 두 가지 사명은 물가 안정과 고용의 극대화라고 했는데,

고용 통계는 전자인 물가 안정에도 영향을 준다.

인력이 부족해지면 임금 상승의 압력이 강해진다. 임금이 오르면 소비 의욕이 강해져 물가가 쉽게 오른다. 가게 입장에서는 인건비가 오르기 때문에 판매 가격에 전가할 수밖에 없다는 측면도 있다. 이처럼 인력 부족은 수요와 공급의 양면에서 인플레이션으로 이어지는 것이다.

고용과 임금 개선은 노동자들에게 희소식이다. 다만 코로나 이후에는 **급격한 인플레이션이 사회 문제**가 되었다. **임금의 상승세가 강하면 인플레이션이 진정되기 어렵다**는 점 때문에 간단하게 평가하기 어려운 문제다.

'주목받는 이유가 주목을 받기 때문'인 면도 있다. 미국 고용 통계는 금융시장에서 월초에 항상 정해진 중대한 이벤트다. 모두가 주목하고 있으니 더 많은 주목을 받게 된다.

고용 통계 전에는 관망세가 강해지고, 발표 직후에는 시장이 요동치는 일도 자주 있다. '주목받는 이유가 주목을 받기 때문'이라는 것은 이상한 설명이지만, 금융시장만의 특성이기도 하다.

중요한 미국 경제 지표 ②
CPI

미국의 인플레이션 지표로 가장 주목받는 것이 CPI(소비자물가지수)다. 2020년 무렵까지는 별로 화제가 되지 않는 경제 지표였지만, 지금은 세계에서 가장 주목받는 경제 지표다. 왜 이렇게 주목받게 되었을까? 〈3-12〉의 그림을 보면 알기 쉬울 것이다.

제4장에서 자세히 설명하겠지만, 미국의 중앙은행인 연준은 물가상승률이 2% 정도가 되는 것을 목표로 금융정책을 운영한다.

코로나 전인 2020년 봄까지는 다소 흔들림이 있어도 거의 2% 전후였다는 것을 알 수 있다. 중앙은행의 물가 목표가 거의 달성되어 있었고, 금융정책도 시장도 안정적이었다.

그런데 2021년부터 급격하게 인플레이션 압력이 거세지면서

기록적인 인플레이션이 미국을 엄습했다(미국 CPI)

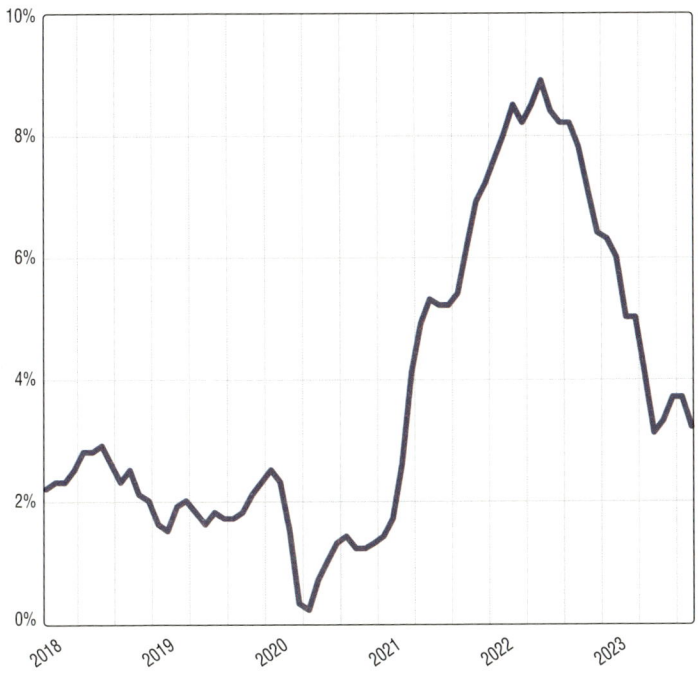

(출처: 미국 노동성 전년 동월 대비)

2022년에는 역사적인 인플레이션을 기록했다. 공급망 혼란과 코로나 이후 경제 동향 등 과거의 경험으로는 예상하기 어려운 요인들이 겹치면서 발표 결과와 경제학자들의 예상이 크게 빗나가는 일도 잇따랐다.

CPI는 연준의 금리 인상 전망을 크게 흔들었다. 그 여파로 장기 금리와 환율, 그리고 주가도 농락당한 셈이다.

그리고 급격한 인플레이션은 국민의 불만이나 불안으로도 이어진다. **바이든 정권도 인플레이션 대책이 경제 정책상의 최우선 과제였다.** 재정 지출을 포함한 물가 동향은 폭넓은 경제 정책을 좌우하고, 돌고 돌아 경기 전체와 주식시장에도 영향이 확대된다.

CPI는 크게 두 가지 항목에 주목한다. 하나는 모든 품목의 물가 동향을 가리키는 '종합'이다. 또 하나는 '종합'에서 '식품과 에너지'를 제외한 '코어'다. 에너지와 식품은 변동이 크기 때문에 이 둘을 제외하는 편이 물가의 트렌드를 파악하기 쉽다고 한다.

미국의 물가지수에서 대표적인 것으로 CPI와 PCE(개인소비지출) 물가지수가 있다. 시장의 주목을 받는 것은 CPI이지만, 연준이 중시하는 것은 PCE다. 어떤 차이가 있는지 한눈에 알 수 있도록 표로 만들었다.

시장에서는 CPI를 더 주목하는데, PCE보다 먼저 발표된다는 것이 큰 이유다. CPI를 보면 PCE의 움직임도 예상하기 쉬워지고,

CPI Consumer Price Index	PCE Personal Consumption Expenditures
익월 중순에 발표 = 빠르다	익월 하순에 발표
도시 지역의 가계 조사	전국 소매 데이터
주택·식료·가솔린 영향 큼	식품과 에너지를 제외한 CPI보다 포괄적인 지표
PCE보다 높아지는 경향	FRB가 중시

PCE를 보고 놀랄 일이 일어나기 어렵다는 면도 있다. 그래서 양쪽의 코어(식품·에너지 제외)를 그림으로 하면 비슷한 움직임을 보이지만, 때때로 어긋난다.

바탕이 되는 데이터는 CPI가 도시 지역의 가계 조사, PCE가 미국 전역의 소매 데이터이기 때문에 집계 품목의 가중치가 다르다. 지수의 산출 방식도 달라서 CPI 쪽이 높은 수치가 나오는 경향이 있다고 한다. 그리고 연준이 중시하는 것은 PCE다.

도시 지역의 가계 조사보다 미국 전역의 소매 데이터 쪽이 더 포괄적이다. 미 연준이 직접 분기에 한 번 발표하는 인플레이션 전망도 PCE다.

2% 물가 목표의 대상도 PCE다. 다시 말해 이것이 2% 정도로 안정되는 길이 보이면 금융 긴축은 완화된다.

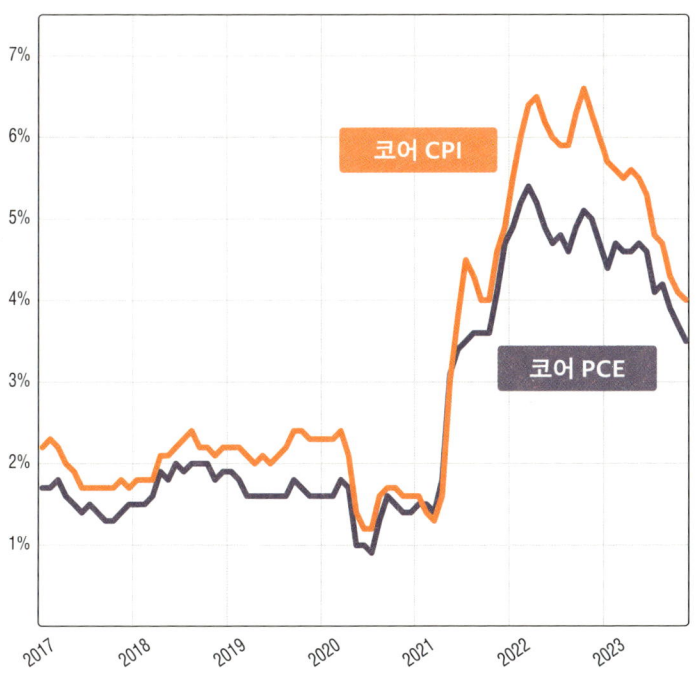

(출처: 미 노동성, 미 상무성 2017년 1월~2023년 11월)

중요한 미국 경제 지표 ③
ISM

경기의 변화를 가장 빠르게 감지하는 사람들은 이를 피부로 느끼는 기업인이나 자영업자들이라는데, 많은 이들이 동의할 것이다. **한 달에 한 번 설문 조사를 통해 주요 기업의 비즈니스 상황을 파악하고, 수치화한 것이 ISM 제조업 지수와 ISM 비제조업 지수다.**

2020년 봄은 코로나로 심하게 하락했지만, 이후 재정 지출과 금융 완화로 단숨에 회복되었다. ISM은 그 모습을 일목요연하게 보여준다. 2021년 종반 이후에는 인플레이션과 금리 인상의 영향으로 둔화가 이어지고 있다. 경기 후퇴가 우려된다고 하지만, 그것도 잘 반영하고 있다. 수많은 경제 지표 중에서도 경기의 풍향을 볼 때 우수한 통계라고 할 수 있다.

공급자 운송시간^{Supplier Deliveries}, 자재 가격^{Prices}이라는 항목도 편리하다. 공급망 혼란은 과거 경험한 적 없는 사태로, 이것을 언제, 어떻게 개선해 나갈지는 경제학자들도 정량적으로 예측하기 어려운 화두였다. 그러나 공급자 운송시간 지수는 그 모습을 잘 파악하고 있다.

ISM은 이러한 다양한 지수에 더해, 기업의 코멘트도 게재하고 있다. 경기의 장래를 읽기 어려울 때는 이러한 코멘트도 상당히 참고할 만하다.

참고로 연준은 1년에 8회 베이지북(지역 연방준비은행 경제 보고서)이라는 리포트를 정리하고 있다. 지역 연방준비은행의 직원이 미국의 전역에서 청취 조사한 것을 다양한 에피소드를 섞어 보고하고 있다.

분량이 많아 읽기는 힘들지만, 이 보고서는 미국 금융정책의 판단에도 영향을 미치기 때문에 매우 중요하다. 나도 가끔 요점을 정리해서 note에 올리고 있다.

시장 예상이란 무엇인가?

경제 지표 뉴스에서 "시장 예상을 크게 웃돌았다."라는 식으로 보도되는 것을 들은 적이 있을 것이다. **시장 예상이라는 것은 민간의 금융 기관이나 싱크 탱크에 소속된 경제학자들의 전망이나 예상의 평균치를 말한다.**

경제학자들은 발표까지 다양한 데이터와 분석을 바탕으로 "발표되는 수치가 이렇게 될 것 같다."라고 예측한다. 한마디로 시장 예상대로라면 모두가 대체로 그리던 대로 경제가 진행되고 있다는 의미가 되기 때문에 주가에 미치는 영향은 줄어든다.

시장 예상과 크게 어긋나면 "생각했던 상황과 다른 방향으로 경제가 움직일 수 있다."라는 시나리오가 부각되면서 주가나 환율이 크게 반응하기

도 한다.

2020년 이후에는 코로나 쇼크와 이례적인 경제 대책, 경험해 보지 못한 물류 혼란 등이 있어 경제 지표 수치가 요동쳤다. 애초에 전대미문의 사태이기 때문에 정밀하게 예측하는 것이 어려워졌고, 그 결과 경제 지표가 중대한 이벤트가 되는 경향이 더해진 것이다.

미국의 금융정책을 운영하는 연준에는 우수한 경제학자들이 모여 있지만, 2021~2022년에는 물가 전망을 크게 잘못 읽었다.

대체 데이터로 경제 예측의 정확도가 높아질 수 있다

최근 몇 년 사이에 얼터너티브 데이터**Alternative Data**(이하 대체 데이터-옮긴이)라는 말이 금융시장에서도 유명해졌다. 얼터너티브는 대체라는 의미가 있다. 경제 지표 같은 전통적인 데이터가 아니라 지금까지 별로 주목받지 않았던 데이터를 대량으로 집계해 새로운 발견과 예측, 나아가 투자 입안에 활용하는 것이다.

대체 데이터는 코로나 사태에 순식간에 보급되었다. 예를 들어 미국 레스토랑 예약 서비스인 OpenTable은 예약 건수를 매일 집계하는데, 전년 동일 대비를 미 전역의 주별로 공개하고 있었다. 레스토랑 이용 상황은 코로나 사태 동안의 외출 상황을 파악하는 데 유용했고, 속보성도 높아서 많은 언론이 보도에 활용했다.

그리고 OpenTable의 속보치는 코로나 사태에서 늦게 발표되는 미국 고용 통계의 선행 지표로서 정확도가 높다는 것이 밝혀져 경제학자들도 경제 예측에 활용하게 되었다. 이런 사례는 최근 몇 년 사이에 점차 확산하고 있다.

가령 점포의 판매 데이터나 교통 데이터 등을 대량으로 집계해서 사람이나 물건의 움직임을 파악하려고 하는 것이 대표적이다. 이 외에 SNS에 올라오는 게시물의 상황을 수치화하고 분석해서 세상의 유행 트렌드를 파악하는 사례도 있다.

앞서 말한 OpenTable처럼 세상의 변화를 잘 파악할 수 있는 대체 데이터가 있으면 경제 예측의 정확도가 높아질 가능성이 있어 헤지펀드 등 전문 투자자들의 이용 니즈도 높아지는 추세다.

사소해 보이는 뉴스를
새의 눈으로 파악한다

어떤 뉴스를 통해 조금 생각해 보자. 2023년 10월 〈니혼게이자이 신문〉이 "산토리 홀딩스는 2024년에 기본임금 인상을 포함해 7% 정도의 임금 인상을 실시할 방침을 굳혔다."라고 전했다. 전년도와 비슷하게 높은 수준으로 임금 인상을 한다는 뉴스다.

이런 기사를 봤을 때 어떤 느낌이 들었는가? "산토리 대단하네." "우리는 그렇게 올리지 못하는데……."라는 식이 흔한 반응일 수 있다. 그러나 경제는 다방면에 연결되어 있다. **하나의 뉴스를 여러 가지로 연상해 보는 것은 경제의 메커니즘을 알고 즐기는 데 중요하다.**

산토리는 확실히 브랜드력도 수익력도 높은 기업이다. 산토리가 임금을 인상한다고 해도 개별 기업의 사례에 불과할 수도 있다.

다만 기사에서 니나미 다케시新浪剛史 사장이 "직원들이 고물가로 고민하고 있는데, 빨리 임금 인상의 의사를 직원들에게 전달하는 예측 능력이 중요하다. 인플레이션은 일시적이 아니라 2~3%는 항상 올라갈 수 있다는 인식 아래 임금 인상을 생각해야 한다."라고 말했다. 산토리는 그 정도의 위기감을 지니고 직원 확보에 움직이고 있다고 할 수 있다.

니나미 다케시 사장은 경제동우회의 수장이기도 하고, 경제계에서 영향력이 큰 리더다. 이번 방침이 〈니혼게이자이신문〉에도 크게 보도되어 많은 경영자들의 귀에 들어갈 것이다.

다른 기업들도 '임금을 제대로 올리지 않으면 채용에서 뒤떨어진다'는 의식이 확산될 가능성이 있다. 다른 기업의 노사 간 교섭의 재료가 될 가능성이 있다는 이야기다.

임금 인상이 강화되면 개인 소비도 뒷받침된다. 물가와 임금이 동반 상승하면 일본은행의 금융정책 운영에도 영향을 준다. 이처럼 산토리의 개별 뉴스라도 여러 곳에 논점이 퍼져 나간다.

더 말하자면 지인과의 잡담에도 경제 뉴스가 숨어 있을지 모른다. "레스토랑의 인력난이 심해졌어." "투자에 전혀 관심이 없던 친구가 신 NISA 이야기를 하더라." 같은 사소한 이야기도 세상의 트렌드를 비추고 있을 수 있다. 지금까지 주목받지 못했던 화제나 데이터에도 안테나를 펼치는 것이 중요하다.

주가는 수급으로
결정된다

물고기의 눈이라고 할 수 있는 것이 수급이다.

갑작스럽지만 **온천 여관의 숙박료** 이야기를 해보겠다. 명절 등으로 연휴가 긴 기간에는 숙박료가 많이 오른다. 연휴라고 해서 요리의 질이나 방의 등급이 오르는 것도 아닌데 보통날의 2배 이상이 될 수도 있다. 바로 수요가 크게 늘기 때문이다.

2023년에는 외국인 관광객의 방문이 늘어나 숙박료가 깜짝 놀랄 정도로 치솟기도 했다. 반대로 코로나 규제가 심했을 무렵에는 아무리 저렴해도 예약이 차지 않는 온천 여관이 많았다.

주가도 이와 비슷한 점이 있다. 온천 여관의 예시처럼 **회사의 실체는 거의 변하지 않아도 사고 싶은 사람이 많고 적으냐에 따라 주가는**

크게 움직인다.

NISA 확충으로 만약 '나도 운용을 시작할까?'라고 생각하는 사람이 많이 증가하면 주식 매수 주문이 늘어나 기업의 실력에 상관없이 주가가 상승할 수 있다. 반대로 미국에서 어떤 충격이 일어나고 외국인 투자자가 황급히 일본 주식을 팔면 주가는 하락한다.

물건의 가격도 주가도 수요와 공급, 즉 수급의 균형으로 정해진다. 이런 수급의 변화는 NISA와 같은 제도 요인으로 설명할 수도 있고, 세상의 분위기로 탐색할 수도 있다.

벌레의 눈, 새의 눈, 물고기의 눈이라고 분류했으나 서로가 밀접하게 얽혀 있다. 도쿄 증권거래소의 자본 효율 개선 요청은 정책적인 의미가 있어서 '새의 눈=거시 경제'라고도 할 수 있는데, 개별 기업이 대응하고 있다는 점에서는 '벌레의 눈=미시 경제'이기도 하다. 많은 사람이 그런 화제에 주목해 주식을 사는 움직임이 강해지면 '물고기의 눈=수급'이 된다.

각종 뉴스와 데이터가 여러 지점에서 연결된다. 하나하나의 사건으로 치부하는 것이 아니라 벌레의 눈, 새의 눈, 물고기의 눈을 조합해서 세상의 움직임을 생각하면 주가의 움직임이 입체적으로 보인다.

사고 싶은 사람이 많다는 것은?

온천 여관의 예시처럼 **회사의 실체는 거의 변하지 않아도 사고 싶은 사람이 많고 적으냐에 따라 주가는 크게 움직인다.** 그럼 사고 싶은 사람이 많다는 것은 주식시장에서 어떤 의미일까?

크게 나누자면 **자금의 총량**과 **센티멘트(투자심리)** 두 가지가 중요하다. 자금의 총량이라는 것은 온천 여관의 예로 말하자면 손님 수다. 외국인 관광객이 갑자기 증가하면 국내 고객은 변화가 없어도 예약은 잘 채워지고, 숙박료도 오른다. 시장 전체, 경제 전체에 있는 자금의 양이 늘어나면 주가는 쉽게 오르고, 반대도 마찬가지다.

그리고 센티멘트가 있다. 예를 들어 버블처럼 세상 전체가 낙관의 극치에 다다르면 무리를 해서라도 주식을 사려는 사람이 늘어난다. 반대로 코로나가 창궐했을 때처럼 정체 모를 불안이 닥쳤을 때는 센티멘트가 얼어붙어 주식을 투매하는 사람이 늘어난다.

이렇게 기업의 실체와는 직접 관계가 없는 곳에서 주가는 때때로 출렁인다. 이 때문에 투자한 기업만 들여다보고 있다고 될 일이 아니다.

다음에서 '자금의 총량'에 관해 좀 더 자세히 살펴보자.

전체 자금의 총량이 많아지면 투자 시장으로 향한다

돈이라는 말은 여러 가지 쓰임새가 있다. "세계 자금의 총량은 얼마?"라고 물어도 다양한 지표가 있기 때문에 정답이 하나만 있는 것이 아니다.

그중에서도 '통화량Money Stock'은 비교적 잘 활용되는 지표다. 쉽게 말해서 그 나라 전체에 있는 현금이나 예금을 합한 것으로, 민간에 유통되고 있는 자금의 총량에 가깝다. 주식시장에 미치는 영향이라는 관점에서 자금의 총량은 투자를 향한 원금이라고 할 수 있다. 총량이 많으면 그만큼 새롭게 주식시장에 흘러드는 돈도 많아질 것이다.

〈3-15, 16〉의 그림은 일본과 미국의 통화량이다. 기본적으로 우상향으로 증가하는 기간이 많아지고 있다. 자금의 총량은 정부의 재정 지출이나 은행 대출 외에 다양한 경제 활동의 영향을 받는다. 그 메커니즘의 상세한 설명은 지면이 부족하므로 생략하겠다.

다만 한 가지 주목하기 바라는 것은 2020년 이후 미국 통화량의 동향이다. 2020년 3월부터 통화량이 급격히 늘고 있다. 여기에는 몇 가지 이유가 있다.

하나는 정부가 코로나 경제 대책으로 국민에게 대량의 현금을 지급하는 등 재정 지출을 일시에 진행했기 때문이다. 정부가 민간에 돈을 공급하면 민간의 돈의 양이 증가하게 된다. **당시 젊은이들이 손에 쥔 돈의 일부는 미국 주식 거래로 향했다고 한다.**

또 다른 큰 이유가 미국 중앙은행 연준에 의한 대규모 금융 완화다. 금융정책에 대해서는 4장에서 자세히 다루겠지만, 코로나 사태로부터 경제와 금융을 지탱하기 위해 연준은 금리를 단숨에 제로 퍼센트로 낮추고, 더 많은 양의 국채를 사들여 세상에 자금을 공급했다. 은행이 민간 기업에 쉽게 대출을 해주고, 돈의 순환이 활발해지면서 통화량의 증가로 이어졌다.

물론 이렇게 늘어난 돈이 몽땅 주식시장으로 갈 수는 없다. 돈의 사용처는 다양하고, 그 움직임은 매우 복잡하다. **다만 이만큼 돈이 급격히 불어나면 주식시장에 돈이 흘러가기 쉬워져 주가 상승의 요인이 될 수 있다.**

일본의 통화량(조 엔)

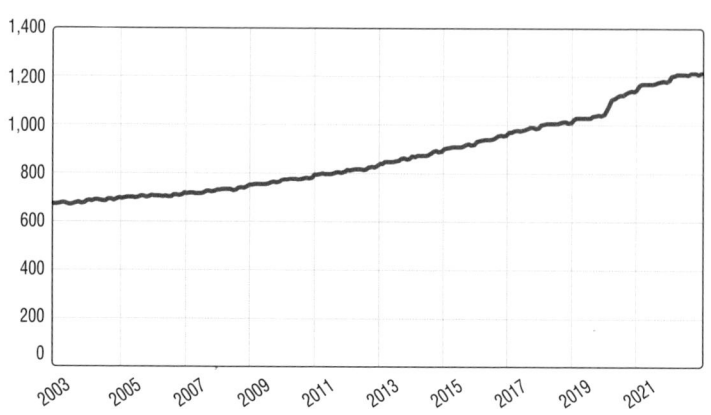

미국의 통화량(조 달러)

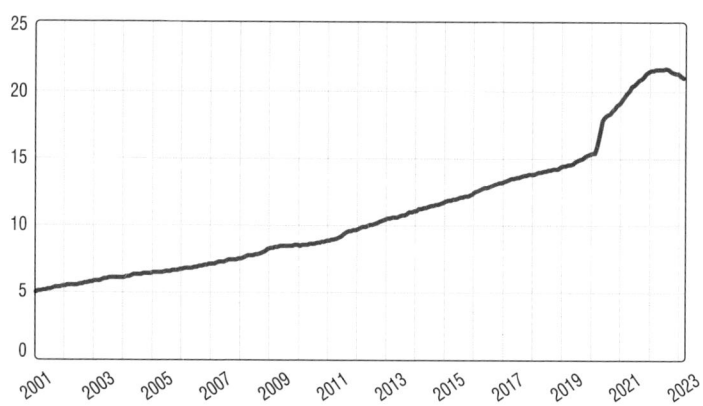

(출처: 일본은행, FRB)

그러나 2022년 정부의 코로나 대책은 일단락되었고, 금융 완화도 단번에 수습 국면에 들어 갔다. 그 결과 급격히 늘었던 자금의 총량은 급변하여 감소세로 돌아섰고, 주식시장에 역풍이 되었다.

그렇다 해도 한 가지 조심해야 할 것은 증가세는 둔화했지만, 잔고로 보면 코로나 전보다 훨씬 큰 금액이라는 점이다. 주식 투자로 향할 수 있는 원금이 그만큼 풍부하다고 할 수 있다.

센티멘트가
시장을 좌우한다

주식 투자로 향할 수 있는 원금이 많다고 해도 실제로 주식 투자를 할지 말지는 투자자가 결정할 일이다. **주식에 투자해도 된다, 투자하고 싶다는 센티멘트는 주가를 좌우하는 큰 요인이다.**

예를 들어 버블은 많은 사람이 극단적으로 낙관적인 방향으로 기우는 상황이다. 때로는 기업이나 경제의 실력이 그렇게 높지 않음에도 과도하게 기대가 높아지는 경우가 있다. 그러면 주가는 점점 올라간다. 그렇게 주가 강세가 멈추지 않으면 '나도 안 사면 뒤떨어질 거야.' '너무 비싼 것 같지만, 아직도 오를 것 같으니 좀 사볼까?'라는 생각을 품는 사람들도 생긴다. 그렇게 해서 구매가 구매를 부르는 경우가 있다.

반대로 버블이 터져 시장 전체가 비관적으로 뒤덮일 수도 있다. 경기에도 기업 실적에도 상승과 하강이 있다.

그러나 경제 현상이나 장래를 투자자가 정교하게 파악할 수는 없다. 전망이나 기대 등 다양한 생각이 뒤섞여 센티멘트는 경제의 실체와는 조금 떨어진 곳에서 그 파도가 거세질 수 있다.

버블이나 시장 전반의 비관은 다소 극단적인 예이지만, 어느 때라도 센티멘트는 흔들리고 있다. 경기 회복 국면에 있는 와중에도 "앞으로도 힘차게 회복할 것 같다." "불안의 싹이 나왔다."라는 식으로 여러 관점이 성립한다. 짧으면 며칠 안에 센티멘트가 확 바뀔 수도 있다.

이렇게 쉽게 옮겨가는 센티멘트가 일상적인 주가 변동의 주된 원인이기도 하다. 실제 기업의 실력은 하루 만에 크게 변하지 않는다. 그러나 주가는 매일 같이 오르내리며 때로는 하루에 몇 퍼센트 움직이는 경우도 드물지 않다.

물고기의 눈

강세장은
비관 속에서 생긴다

존 템플턴^{John Templeton}이라는 20세기 저명한 투자자의 격언을 읽어보자.

Bull markets are born on pessimism, grown on skepticism, mature on optimism, and die on euphoria.
강세장은 비관 속에서 태어나, 회의 속에서 자라며, 낙관 속에서 성숙하고, 도취 속에서 죽는다.

베테랑 투자자 중에도 이 말을 좋아하는 사람이 많고, 나도 전환점이 있을 때마다 이 말의 무게를 느끼고 있다. 이 말을 4단계(① 비관, ② 회의, ③ 낙관, ④ 도취)로 나누어 코로나 이후의 시세를 되짚어보면 잘 들어맞을 것이다.

코로나 감염이 급증한 2020년 3월, 주가는 역사적인 급락을 기록했다. 전대미문의 바이러스와 경제 봉쇄로 투자자도 국민도 패닉 상태에서 도저히 주식을 가지고 있을 상황이 아니었다. 순식간에 주가가 급락하자 황급히 매도를 추종하는 투자자들이 도미노처럼 줄줄이 나타났다.

하지만 지금 돌이켜보면 그때가 주가의 바닥이었다. 물론 코로나는 경제에도 사회에도 국민의 삶에도 큰 영향을 끼쳤다. 다만 세상이 추가로 더 나빠지지 않는 한 주가는 떨어지기 어려워진다. 반대로 나쁜 상황이라도 '그동안 걱정했던 것보다는 조금 괜찮을 것 같다.'라고 방향감이 바뀌면 주가는 급변해 상승으로 향한다.

실제로 2020년에는 강력한 경제 대책과 금융 완화가 있었고, 봄 이후에는 주가가 크게 회복되어 여름철에는 코로나 이전 수준을 웃돌았다.

이는 "강세장은 비관 속에서 태어난다."의 좋은 예시다. 비관이 전 세계에 퍼져 있을 때는 주식 매수자가 거의 없어진다. 그러나 머지않아 구매자가 나타나기 시작하고, 주가도 상승한다. 주가가 바닥을 치는 것은 비관이 극에 달했을 때라는 조금 아이러니한 구도가 생기는 것이다. 비관 일색으로 주가가 급락해 주가가 바닥을

3 주가는 무엇으로 움직이는가?

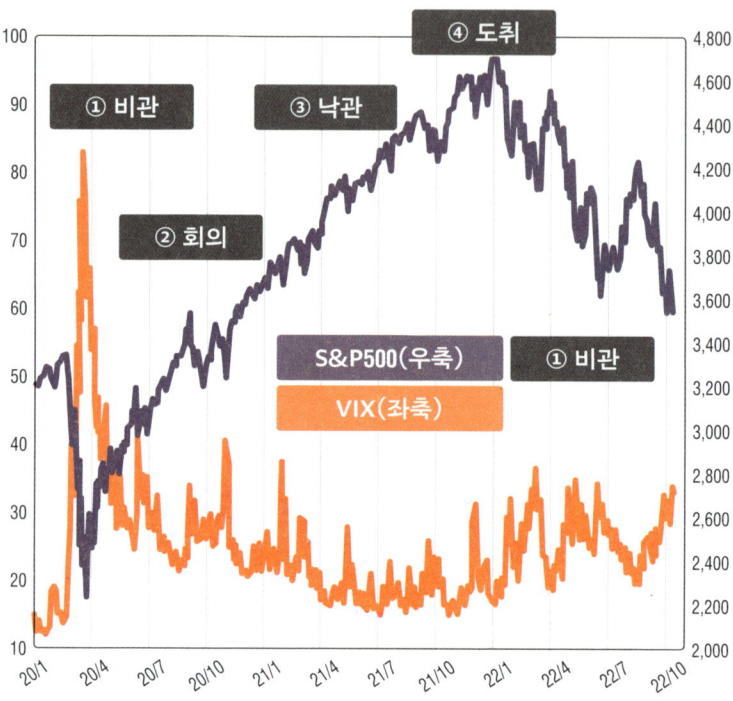

(출처: QUICK FactSet)

※ VIX에 대해서는 다음 항목에서 자세히 설명하겠다

치는 것은 '셀링 클라이맥스**Selling Climax**'라고도 부른다. 그리고 비관 뒤에 '괜찮은 것 아닌가.'라는 회의가 생긴 것도 알 수 있을 것이다. "강세장은 낙관 속에서 성숙하고, 도취 속에서 죽는다."라는 말도 딱 맞는 표현이다.

2021년 미국 주식은 연일 사상 최고치를 갈아치웠다. 경제 대책, FRB의 금융 완화, 경제 재개에 대한 기대, GAFAM의 혁신도 겹쳐졌다.

그러나 센티멘트는 진자처럼 과하게 움직여 반동이 일어나기 쉽다. 인플레이션이 가라앉지 않는다는 환경 변화를 기점으로 금융 완화를 지속하기 어려워지자, 이번에는 역회전처럼 불안이 커졌다. 이렇게 '도취 속에 죽는' 것처럼 2022년 초부터 주가는 크게 하락했다.

그리고 비관론이 극에 달했던 2023년 초에 주가가 다시 바닥을 찍고 상승으로 향했다. 이러한 시세의 국면은 되돌아보지 않으면 모르는 것이 대부분이다. 비관이 극에 달한다면 주식을 사도 좋겠지만, 비관이 오래 갈 수도 있다.

어쨌든 주식시장에서는 "모두 사니까 나도 사야지." "비관론뿐이니까 서둘러 팔아야지."라고 주변 분위기에 휩쓸리는 것은 바람직하지 않다. 장기적인 입장에서 낙관·비관의 움직임도 한발 물러나 관찰하면서 마주해야 한다는 것이 개인적인 견해다.

공포의 바로미터
VIX

투자자의 공포감이나 도취감 같은 센티멘트를 측정하는 데 가장 많이 활용되는 것이 VIX다. 공포 지수라고도 부른다.

〈3-17〉의 도표를 보자. 이는 S&P500이 앞으로 한 달간 얼마나 크게 움직일지 투자자들의 예상을 수치화한 것이다. VIX의 세밀한 산출법의 설명은 생략하겠지만, 옵션이라는 주가의 요동에 대비하는 보험 같은 금융상품이 있는데, 그 거래 상황에서 공포감을 가늠해 볼 수 있는 셈이다.

예를 들어 '주가가 조만간 급락할 것 같다.'라고 생각하는 사람이 늘어나면 VIX가 상승하고, '주가가 급등할 것 같다.'라고 생각하는 사람이 늘어나면 VIX는 하락한다. 그럼에도 주가 급등보다는 주가 급락이 발생하기 쉬운 경향이 있다. **따라서 VIX 상승은 '주가 하락의 경계 강화'가 되는 경우가 많아 공포 지수라고 불린다.**

지난 몇 년 동안 VIX가 20을 밑돌면 낙관적인 분위기가 우세하여 주가가 쉽게 상승했다. 반대로 30을 웃돌면 경계심이 강해져 주가가 쉽게 내려갔다.

그럼 VIX가 20 이하일 때 주식을 사면 되는 것일까? 그렇게 단순하지 않다. 20 이하가 지속될 때는 주가 강세 국면이 되기 쉽지만, 동시에 과도한 낙관으로 주가가 과열될 수도 있다. 사회생활에서도 지나치게 우쭐해서 주의를 게을리하거나 지나치게 리스크를 감수하려고 하면 호되게 당할 수 있다. 실제로 20 이하가 오래 가면 주식에 지나치게 낙관적인 사람이 많아져 나중에 반동이 일어나기 쉬울 수 있다.

2021년에는 금융 완화와 미국 재정 지출로 낙관론이 상당히 강해지면서 주가가 연일 고점을 경신했고, VIX는 줄곧 20을 밑돌았다. 그러나 2022년은 인플레이션과 금리 인상으로 정세가 반전되었다. 2021년 강세의 반동으로 주가가 크게 떨어졌다.

낙관적인 분위기를 타야 할 때도 있는 반면 지나친 낙관은 경계해야 한다는 점을 보여주는 사례다.

투자자에게는
여러 유형이 있다

시장에는 정말 다양한 투자자가 참가하고 있다. 개인이 소액으로 참가할 수도 있고, 몇백조 엔의 자금을 움직이는 펀드도 존재한다. 개인이 아닌 투자자를 기관 투자자라고 하는데, 이 또한 다양하다. 연금, 투자신탁, 정부계 펀드, 헤지 펀드, 금융기관, 사업회사 등 여러 가지가 있고, 연금이나 투자신탁도 각각 투자 전략이 상당히 다르다.

그리고 개인 투자자도 정말 다양하다. 하루 중 매우 짧은 시간대의 가격 변동 차이를 수익의 기회로 파악해 매매를 반복하는 데이 트레이드^{Day Trade}를 하는 사람도 있다. 며칠간의 시세 흐름을 읽고 매매하는 스윙 트레이드^{Swing Trade}를 하는 사람도 있다. 몇 주나 몇 개월 정도로 투자처를 조정하는 사람도 있는가 하면, 한 번 매수하면 수십 년 동안 계속 보유하는 사람도 있다.

사람마다 나이도 다르고, 자산 규모도 다르다. 가족 구성에 따라 미래에 들어가는 돈도 달라진다. 단기간에 자산을 크게 늘리고 싶은 사람도 있고, 몇십 년 후 노후에 안정적인 삶을 위해 자산을 늘리고 싶은 사람도 있다.

이를 통해 말할 수 있는 중요한 점은 시장도 계속 한 방향으로 치우치지 않는다는 것이다. 예를 들어 어떤 쇼크가 일어나서 단기적으로 돈을 벌려고 했던 사람이 황급히 주식을 팔았다고 하자. 그러면 다른 사람도 불안해져서 주식을 팔지도 모른다.

그러나 수십 년 동안 투자를 하려고 마음먹은 사람은 서둘러 매도하지 않을 수도 있다. 오히려 장기적으로 봤을 때 주가가 떨어지면 기회라고 생각해 매수를 고려할 수 있다.

주가가 오를 때나 내릴 때나 과도한 움직임을 보일 때가 있는데, 곧 '이것은 지나갈 거야.'라고 생각해서 시세의 흐름과 반대로 거래하는 사람이 증가해 실제로 시세의 트렌드가 바뀌는 일이 있다.

앞서 지나친 낙관이나 비관을 조심해야 한다고 말한 데는 이런 배경이 있다.

일본 주식의 메인 플레이어 외국인 투자자

2023년 봄 이후, 일본 증시에서 '외국인 투자자'라는 말을 자주 듣게 되었다. 일본 주식을 몇 달 안에 수조 엔 규모로 순매수해 주가를 급상승시킨 일등 공신이기 때문이다. 그 배경은 다음과 같다.

① 도쿄 증권거래소의 자본 효율 개선 요청

② 일본은행의 금융 완화 지속

③ 일본 내 임금·경기 회복 기대

④ 2024년부터 NISA 확충에 따른 개인 투자자의 유입 증가

그렇다면 실제로 일본 주식은 누가 가지고 있을까? 투자자를 대략 그룹으로 나누면, 〈3-18〉의 표와 같다.

	보유액	점유율
외국인 등	216조 엔	31%
사업법인 등	167조 엔	20%
개인 등	153조 엔	18%
투자신탁 (포함하는 일본은행 ETF)	91조 엔	11%
연금	88조 엔	10%
그 외 (보험·은행…)	83조 엔	10%

(출처: 일본은행 2023년 6월 말)

외국인이 30% 이상으로 개인보다 훨씬 많이 가지고 있다. 일본 기업이 주주에게 지급하는 배당도 약 30%는 해외 투자자에게 향하고 있는 셈이다.

그리고 과거 약 20년 동안 외국인이 일본 주식을 순매수, 순매도 한 상황이 〈3-19〉의 도표다. 참고로 순매수란 일정 기간 내에 산 금액 또는 양이 판 금액 또는 양보다 많은 것을 뜻하며, 순매도는 그 반대다.

도표를 보면 지난 20년 동안 순매수가 상당히 존재한다. 특히 성장이 눈에 띄는 것은 2003~2005년 무렵과 2013~2014년 무렵의 두 시기다. 2003년은 봄까지 닛케이 평균이 7,607엔(76,070원)까지 하락한 약세장이었다. 그러나 이후 리소나은행의 구제 등을 기점으로 '비관→낙관'으로 분위기가 변했다. 2005년에는 고이즈미小泉 정권의 우정 사업 민영화가 있어서 구조 개혁에 거는 기대로 해외에서 일본 주식을 매수하는 일이 증가했다.

2013년은 아베노믹스의 시세다. 2003년 때와 마찬가지로 일본 주식은 그때까지 침체해 있었다. 그 반동과 함께 대량의 해외 자금이 유입되고 주가도 급상승했다. 닛케이 평균 그래프를 겹쳐 보면 외국인이 시세를 견인한 것을 알 수 있다.

2015년 이후에는 일본은행이 주요 매수자가 된다. 그래서 외국인의 존재가 퇴색된 것처럼 보이기도 한다. 그러나 일본은행은

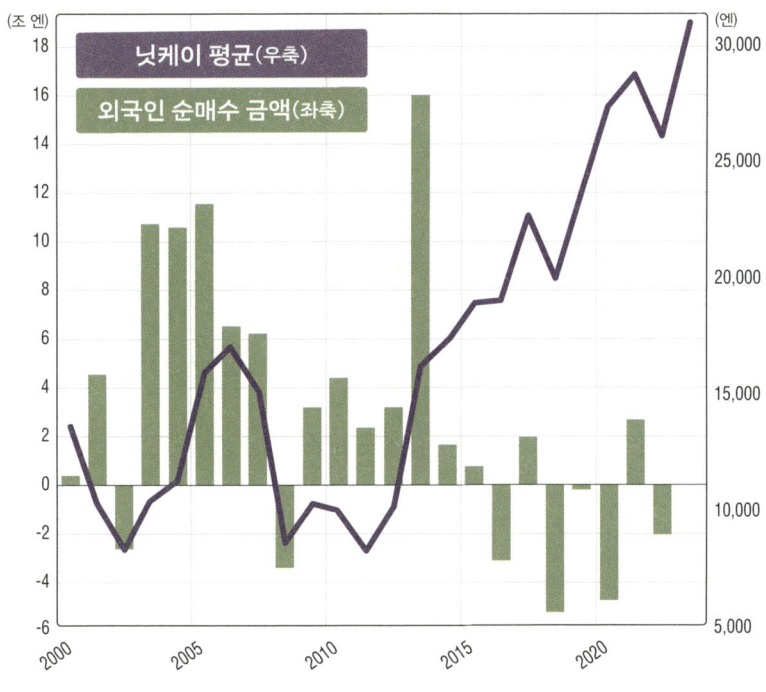

(출처: 일본은행)

2021년 이후 주식 매수를 줄이면서 압도적인 매수자가 부재하게 되었다. 그러던 중 2023년 봄에 외국인 투자자들이 강한 매수자로 떠올랐다.

이 흐름이 계속될지는 알 수 없다. 다만 외국인 투자자는 전 세계에서 대량의 자금을 운용하고 그 일부를 일본 주식에 돌리고 있다. 일본 내에서 '주가가 너무 높은 거 아냐?'라고 생각하는 사람이 늘어나도 그런 흐름과는 다른 기세로 돈이 흘러들어 주가가 지속적으로 오르기도 한다.

반대로 해외 자금이 빠져나가기 시작하면 주가는 오래 침체될 수도 있다. **외국인은 일본 주식 매매 대금의 약 70%를 차지하고 있으며, 그들의 움직임은 시세의 트렌드를 크게 바꾸는** 경우가 종종 있다.

개인 자금에 주목해야 할
신 NISA의 위력

일본인 개인의 금융 자산은 전부 더하면 약 2,040조 엔(2경 400조 원) 정도다. 〈3-20〉의 도표가 그 내역이다.

절반 이상이 현금·예금이다. 상장주·투자신탁은 지난 20년 동안 증가했지만, 아직 전체의 10%가 조금 넘는 수준이다.

미국은 현금 예금과 주식·투자신탁의 비율이 거의 반대다. 미국이 좋다는 생각은 아니지만, **일본은 상당히 예금을 좋아하는 나라임을 알 수 있다.**

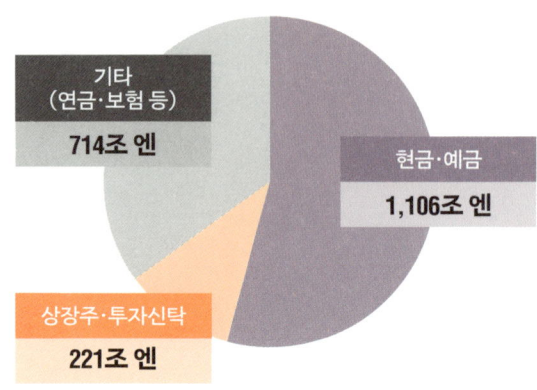

(출처: 일본은행 2023년 3월 말 시점)

그렇다면 개인은 지금까지 주식이나 투자신탁을 얼마나 샀는지 살펴보자.

〈3-21〉의 그림은 연도별로 구매한 액수에서 판매한 액수를 뺀 집계다. 막대그래프가 위라면 순매수다.

최근 몇 년간 파란색 투자신탁이 상당히 위로 올라와 있다. NISA 나 iDeCo(일본의 개인형 퇴직연금 제도-옮긴이)가 보급되어 적립식으로 투자신탁을 사는 사람이 증가했다고 볼 수 있다. 일본 주식은 2020년 도까지 순매도가 이어졌다. 개인은 주식이 상승하면 이익을 확정

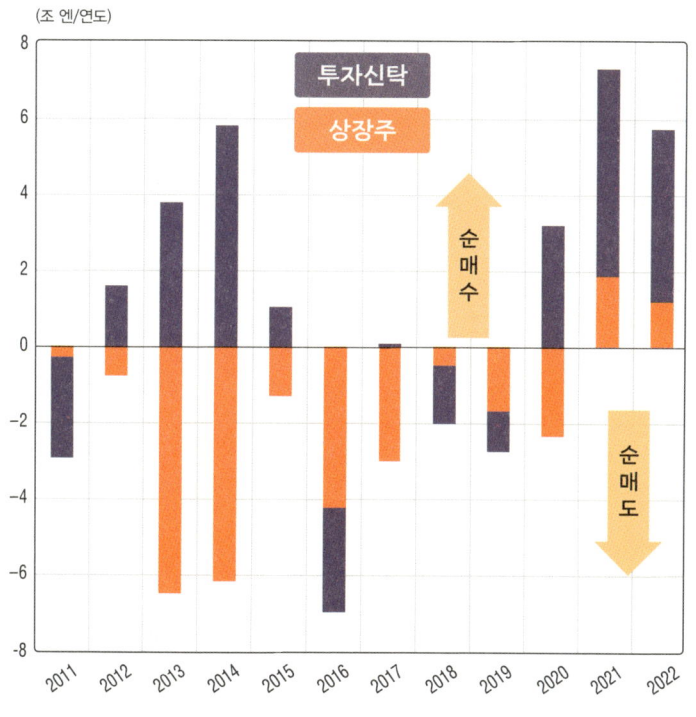

(출처: 일본은행)

해 매도하는 경향이 강하다고 하지만 그럼에도 2021~2022년도는 순매수로 돌아서고 있다. 투자신탁&주식으로 서서히 투자 기운이 높아졌다고 할 수 있다.

신 NISA에 의해서 새롭게 투자를 시작하는 사람이 증가하면 개인 자금이 주식·투자신탁으로 향하는 자금 유입이 한층 고조될 가능성이 있다.

현금·예금은 1,106조 엔(1경 1,060조 원)**이나 된다. 이 중 1%가 주식이나 투자신탁으로 흘러가면 11조 엔**(110조 원)**이나 되는 자금 플로가 된다.** 11조 엔은 매우 큰 규모다.

얼마나 되는지 가늠하기 위해 올해 외국인의 매매 동향을 돌아보자. 일본 주식은 4~6월에 기록적인 상승을 보였다. 그 원동력이 외국인의 일본 주식 매입이었다. 그 4~6월의 매수액은 약 6조 엔(60조 원)이다.

기록적인 주가 상승을 가져온 돈이 6조 엔이라는 말이다. 반면에 개인의 현금 예금이 1% 움직이면 11조 엔이 된다는 점은 개인 자금의 잠재력 크기를 알 수 있다.

2020년도까지는 개인은 주식을 순매도했다. 오래 투자한 사람이 주가 상승 과정에서 이익을 확정해 매도하는 것으로 보인다. 그런데 이제는 구도가 바뀔 가능성이 있다. 최근 여러분 주위에서도 "지금까지 투자는 피해 왔지만, 슬슬 시작하자."라는 사람이 증가하고 있을 것이다. 소액이라도 매월 적립해서 미국 주식이나 국내 주식을 사기 시작하는 사례가 많다.

이런 사람들은 기존 개인 투자자와 달리 주가가 올라도 바로 매도로 돌아서지 않을 수 있다. 지금까지 대부분의 자산이 현금 예금이었던 사람이 적립식으로 투자하기 시작했다면, 당장 팔겠다는 사람은 많지 않을 것이다. 오히려 몇 년에 걸쳐 조금씩 사들일 가능성이 있다.

이러한 움직임은 **주가 상승만이 아니라 엔화 약세에 힘을 실어줄 가능성**도 지적된다. 최근 몇 년간은 S&P500이나 세계 주식을 대상으로 한 투자신탁이 개인에게 인기가 있었다. 이런 투자신탁을 구매한다는 것은 엔화를 팔고, 외화로 바꿔 외국 주식을 사는 프로세스가 된다(환헤지를 거는 투자신탁은 예외). 최근에는 달러 등 해외 금리가 높기 때문에 달러 정기예금 등으로 돈을 돌리는 개인도 늘고 있다.

개인이 엔화 약세에 대비하거나 세계 경제 성장의 혜택을 얻기 위해 외국주 투자신탁을 구매하는 활동이 활발해지면 엔화 약세가 지속될 가능성이 커질 수 있다.

벌레의 눈, 새의 눈, 물고기의 눈을 겹치다

주식시장은 삼라만상을 비춘다고 한다. 따라서 "주가는 왜 움직이는 가?"에 대한 설명도 매우 복잡하고 어렵다. 하지만 "어려워서 설명할 수 없어."라고 할 수는 없기 때문에 굳이 벌레의 눈, 새의 눈, 물고기의 눈이라는 앵글로 나눠 설명하고자 했다. 다만 이 설명도 완전하다고는 할 수 없다.

이 세 개의 앵글은 겹치기도 하고, 이 분류로 정리할 수 없는 요인으로 주가가 움직이기도 한다. **중요한 것은 이 장에서 설명한 기본적인 관점을 지니고 다양한 각도에서 경제 뉴스를 접하는 것이다.**

그러면 다음 장에서는 이제까지 종종 언급했던 중앙은행으로 초점을 옮기고자 한다. **중앙은행은 주가나 환율의 움직임을 생각하는 데**

있어 매우 중요한 기둥으로, 특히 최근 몇 년 사이에 그 위상이 크게 높아졌다.

그리고 거시 경제와 우리 삶에도 큰 영향을 미친다. 중앙은행을 이해하는 일은 비즈니스를 하며 살아가는 데에도 중요한 지식이다. 그럼 4장에서 자세히 살펴보자.

제 **4** 장

중앙은행은
금융 시장의
심장 ↗

중앙은행이 일반 시민의 관심사가 되다

이번 장은 쓰면서 내적 갈등이 있었다. 하나의 장으로 할지 말지 망설였기 때문이다.

중앙은행은 경제를 보는 데에도, 투자를 하는 데에도 매우 중요한 만큼 내용이 아무래도 까다로울 수 있다. 중앙은행이 하나의 장을 차지하고 있는 것만으로도 어렵게 느껴져서 집었던 책을 내려놓을 수도 있다고 생각했다.

하지만 역시나 하나의 장으로 구성해야겠다고 마음먹었다. **최근 몇 년 사이에 중앙은행의 중요성이 상당히 높아졌기 때문**이다. 그에 연동해서 개인 투자자, 나아가 **일반 시민들의 관심도 크게 높아졌다.**

실제로 경제에 별 관심이 없었던 사람들도 인플레이션, 금리 인상, 엔화 약세, 일본은행 총재 등과 관련된 뉴스를 보고 들을 기회가 최근 몇 년 사이에 상당히 늘었을 것이다.

일본의 중앙은행인 일본은행도 그렇지만, 미 연방준비제도 이사회(FRB·Federal Reserve Board)에 대한 최근 몇 년간의 주목도 역시 사상 최대라고 해도 과언이 아니다. 중앙은행을 알지 못하고는 경제와 투자의 세계를 말할 수 없다.

이번 장에서는 누구라도 흥미가 생길 수 있도록 **아주 기본적인 것부터 이야기를 시작하면서 지금 나오는 뉴스의 의미를 알고 경제·투자의 세계가 열리도록 설명**하겠다.

그렇다고는 해도 방대하고 지엽적인 설명이 되면 많은 사람이 책을 덮을 것이다. 난이도나 분량이 적당한 균형을 맞출 수 있도록 고심해서 한 글자 한 글자를 썼다. 중앙은행에 깊은 관심이 없던 사람도 끝까지 편안하게 읽는다면 이 장의 구성은 성공일 것이다.

그렇다면 우선 중앙은행의 역할부터 간결하게 설명하겠다.

중앙은행이 하는 일은 지폐의 발행만이 아니다

일본에서는 일본은행, 미국에서는 연방준비제도가 중앙은행에 해당한다. 일본은행에서 가장 친숙한 것은 지폐일 것이다. 만엔 권 등을 발행해 민간 은행과 주고받으면서 지폐를 유통하고 있다. 지폐의 발행·유통은 당연히 중앙은행의 근간 업무 중 하나이지만, 그 밖에도 여러 가지 중대한 업무가 있다.

금융정책, 국제협상, 은행 감시, 결제 인프라 정비, 조사·연구…… 전부 쉽지 않아 보이는 일들이다. 이것을 한마디로 정리하자면 **"국민이 경제생활을 쉽게 할 수 있도록 금융 환경을 조성한다."** 라고 할 수 있다.

지폐를 발행하는데 그 지폐의 가치가 급등락(즉 물가가 급등락)하거나 돈이 잘 돌지 않으면 큰일이다. 이 때문에 중앙은행은 물가 안정이나 금융 시스템의 안정을 사명으로 삼고 있다.

물가가 안정되지 않고, 얼마 전까지 저렴했던 것이 최근 갑자기 비싸지는 식으로 급등락이 있으면 가계도 회사도 여러 가지 장기 계획을 세우기 어려워진다. 주택 구매나 대규모 프로젝트에 주저하게 되면 경제의 활력이 떨어진다.

중앙은행은 지폐를 발행할 뿐 아니라, 그 지폐의 가치(≒물가)까지 안정시키는 업무를 하고 있다. 국민이 물가를 크게 신경 쓰지 않고 안심하고 지폐를 사용해 경제 활동을 할 수 있는 환경을 정비해야 하는 것이다.

금융 시스템 안정은 조금 어려운 말이다. 이것은 뒤의 파트에서 자세히 설명하겠지만, 개인이나 기업이 돈을 거래하기 쉬운 환경을 조성한다는 말이다.

은행에 돈을 빌리고 있었는데 갑자기 돈을 빌려주지 않거나, 돈의 송금이 원활하지 않게 되면 곤란하다. 그런 사태에 빠지지 않도록 국가 차원에서 은행 경영을 모니터하거나 결제망을 갖추고 있다.

그 밖에도 금융정책, 자금 조달 지원 등 중앙은행은 여러 역할을 한다. 이것은 국민이 경제생활을 쉽게 할 수 있도록 금융 환경을 조성한다는 사명 때문이다. 이제 물가 안정에 대해 다음 항목에서 좀 더 자세히 살펴보자.

물가 안정을 위한 조치, 통화정책

물가가 심하게 움직이는 세상을 상상해 보자. 조금 극단적이지만, 만 엔(10만 원)에 팔리던 물건이 다음 해에 2만 엔(20만 원)이 되고, 그다음 해에 5,000엔(5만 원)이 되는 상황이다.

이러면 정말 난감하다. 언제 구매해야 할지 고민스럽고, 열심히 저축해도 나중에 사려고 했던 것이 가격이 올라 구매하지 못하게 될 수 있다. 자녀의 양육비, 노후생활도 예측이 불가능해서 **경제면에서 인생 설계**가 어려워진다. 주택담보대출로 집을 사기가 무서워서 손을 댈 수 없을지도 모른다.

회사 경영도 힘들어진다. 물가 변동이 심하다면 중장기적인 매출 전망을 세우기 어렵다. **장기적인 시점에서 인재를 채용하거나 공장**

을 건설하는 프로젝트도 가동하기 어렵다. 그러면 장기 프로젝트를 포기하게 되어 경제에 활력이 돌지 않을 것이다. **통화정책은 중앙은행이 물가를 안정시키려는 조치다.**

조금 딱딱한 표현이지만, 일본 은행법 제2조에 있는 금융정책의 이념을 살펴보자.

"일본은행은 통화 및 금융을 조정할 때 **물가의 안정화를 통해 국민경제의 건전한 발전에 이바지**하며, 그것을 이념으로 한다."

'통화 및 금융 조정'은 금융정책을 말한다. 그리고 '물가의 안정화를 통해 국민경제의 건전한 발전에 이바지한다'고 되어 있다. **물가 안정이 절대적인 목표라기보다 국민경제의 건전한 발전이 중요하고, 물가 안정은 이를 위한 금융 환경 정비라는 위치**에 있다는 것이다.

중앙은행은 이를 달성하기 위해 **물가 상승이 심할 때는 금리 인상**으로 인플레이션을 억제한다. **반대로 물가가 좀처럼 오르지 않을 때는 금리 인하**로 물가를 끌어올리려고 한다.

어째서 금리를 인상하면 물가 상승을 억제할 수 있는 것일까? 계속해서 살펴보자.

중앙은행은 금리로
경기와 물가를 조정한다

중앙은행의 금리 인상, 금리 인하는 보통 **단기 금리의 인상과 인하를 뜻한다.** 은행은 단기로 자금을 주고받고 있고, 중앙은행은 이 시장에 날마다 관여한다.

이 단기 금융시장에 중앙은행이 자금을 공급하거나 반대로 흡수해서 금리를 유도하고 있다. 예를 들어 미국의 중앙은행에 해당하는 연준이 금리를 연 4.5%에서 연 5.0%으로 인상했다고 하자. 연준은 결정 직후부터 단기 금융시장에서 금리가 5.0%가 되도록 자금을 회수해 유도한다.

"왜 단기 금융시장이라는 잘 모르는 세계의 움직임이 인플레이션에 효과가 있는가?"라는 질문이 나올 것이다. 확실히 은행 간의 단기 금리는 일반 시민의 일상적인 쇼핑 가격과는 매우 거리가 먼 이야기다. 다만 **금리는 여러 곳과 연결되어 있다.**

은행 간 단기 금리가 오르면 주택담보대출 금리나 기업 대출 이자도 연동되어 오른다. 그러면 개인은 집을 구매하기가 어려워지고, 회사는 새로운 사업에 조금 신중해질 수도 있다.

즉 금리 인상을 하는 것은 경제 활동을 억제하는 효과가 있다. 다시 말해 경기에 역풍이 분다. 비싼 가격을 지불해서라도 물건을 사겠다는 사람은 줄어들고, 인플레이션이 진정된다. 반대로 금리를 인하하면 경기가 자극되어 물가가 오르는 경향이 있다.

미국은 2022년 기록적인 인플레이션을 겪었다. 이 배경에는 코로나 위기와 그 후의 경제 대책, 물류 혼란, 원유와 밀 가격의 급등 등 여러 요인이 얽혀 있다. 그래서 많은 경제학자의 예상을 훨씬 뛰어넘는 인플레이션이 일어난 것이다.

인플레이션은 식품이나 에너지, 특히 생필품에서 발생했다. 이는 저소득층의 생활에 큰 타격을 주어 국민의 불만과 불안이 커졌다. **따라서 연준은 역사적인 기세로 금리 인상을 추진했다.** 2022년 초 0.00-0.25%였던 금리를 1년여 만에 5.25-5.50%로 올렸다. 금리 인상은 통상적으로 0.25%씩 변동된다. 그러나 2022년에는 이례적으로 0.75% 금리 인상이라는 3배의 금리 인상을 단행했다. 그만큼 강렬하고 예상치 못한 인플레이션이었기 때문이다.

금리 인상은 경기에 제동을 거는 일이다

인플레이션을 억제하기 위해 연준은 금리 인상을 추진했지만, 앞에서 설명했듯이 금리 인상은 경제 활동을 억제해서 인플레이션을 완화하는 것이다. 즉 경기에 역풍이 된다.

미국 경제를 달구지도 않고, 식히지도 않는 적당한 금리(중립 금리라고 부른다)는 2%대로 전망된다. 2020년 봄 코로나가 미국을 강타한 직후 연준은 금리를 단숨에 0%대로 낮췄고, 한동안 제로 금리를 이어갔다. 즉 경기에 순풍이 되는 금융정책을 이어가서 코로나 사태에서 경제가 재생되는 것을 노린 것이다.

그런데 2022년은 인플레이션이 한꺼번에 치솟자 0%대에서 4%대로 반대 노선을 취하며 금리를 급상승시켰다. 적당한 금리가 2%

대이기 때문에 경기에 상당한 급제동이 걸리게 된다.

금융 완화였던 상태에서 단숨에 긴축한다는 것은 입원해 있던 사람에게 재활도 없이 중대한 일을 맡기는 것과 같다. 특히 연준은 2021년 전반에 코로나 사태로부터 확실히 회생하기 위해 아직 금융 완화를 지속한다고 설명했던 만큼 반대 방향의 전환은 충격이 컸다.

⟨4-1⟩의 그림은 미국 주식 전체의 움직임을 비추는 S&P500과 미 연준의 금리를 겹친 것이다. **2020~2021년은 금융 완화가 경기와 주가에 순풍이 되었고, 2022년은 금리 인상이 주가를 끌어내린 것을 알 수 있다.**

금리가 오르면 경기에 역풍일 뿐 아니라 주식 투자 분위기에도 찬물을 끼얹는다. 예를 들어 빌린 돈으로 운용 원금을 늘려서 주식 투자를 하는 사람도 있다. 금리가 오르면 이런 투자가 줄어든다. 제3장에서도 설명했듯이 자금의 팽창·수축과 같은 사이클은 금융 정책과 밀접하게 관련이 있으며 주가에도 큰 영향을 미친다.

FRB의 금리(좌축)

S&P500(우축)

(출처: FRB, QUICK FactSet)

금리는
경제의 체온이다

금리가 뭔지 좀 더 기초적인 부분도 생각해 보겠다. 1년 동안 100만 엔(1,000만 원)을 빌렸을 때 이자가 1만 엔(10만 원)이었다고 하자. 이 때의 금리는 1%다. 그렇다면 "2%라도 좋다." "3%라도 상관없다." 라는 사람이나 회사가 늘어나면 어떻게 될까?

이 경우 돈을 빌려주는 사람은 금리가 높은 쪽이 이득이기 때문에 세상의 금리는 오른다. 그러면 금리가 높아도 돈을 빌리고 싶은 것은 어떤 상황일까?

그것은 돈을 쓰고 싶은 사정이 있다는 의미다. 예를 들어 개인이라면 집을 사고 싶을 수 있고, 회사라면 사업을 확장하고 싶을 수 있다. 즉 경제가 활발한 때일수록 돈을 원하는 사람이 증가해서 금리가 쉽게 오른다. 그래서 금리는 경제의 체온이라고도 한다. **금리가 높을 때는 그만큼 경제 활동에 열기가 있다는 말이다.**

여기서 의문이 생길 수 있다. '경제가 활발→금리 상승'일 텐데 앞에서는 '금리 상승→경기 악화'라고 설명했기 때문이다. 이 부분이 금리와 경기 관계의 흥미로운 점이다.

알기 쉽게 정리한 것이 〈4-2〉의 플로 차트다. 빨간 선은 금리다. 금리가 오를 때는 기본적으로 경제가 활발한데, 금리 상승이 지나치면 이번에는 돈을 빌리기 어려워지고 경기에 제동이 걸린다. 결국 '경기 회복 → 금리 상승'도 되고, '금리 상승 → 경기 악화'도 될 수 있다.

그런 점에서 체온은 딱 맞는 비유라고 본다. 몸을 움직이면 심박수와 함께 체온이 상승한다. 그러나 과도하게 운동을 하면 숨이 차고, 더 무리하면 쓰러질 수 있다. 적당히 따뜻한 것이 건강하며, 높다고 좋은 것이 아니다. 질병에 걸려서 예상치 못한 형태로 체온이 올라가 자리보전하는 경우도 있다.

사람의 몸이나 마음에는 기복이 있어서 이따금 상당히 가라앉을 때가 있다. 경기에도 주기가 있고, 그것을 측정하는 기준이 금리라고도 할 수 있다.

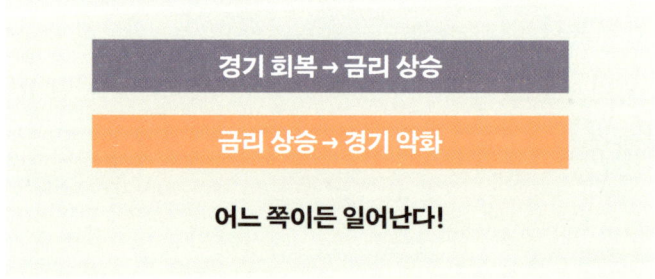

세계 중앙은행들은 2%를 물가 상승의 목표로 삼는다

화제가 주가와 경기로 조금 벗어났는데, 다시 중앙은행의 이야기로 돌아가자.

세계의 중앙은행은 대개 물가가 연 2% 상승하는 것을 목표 수치로 삼는다. 다만 이 2% 목표가 세계적으로 퍼진 것은 21세기에 들어서면서부터다. 일본은 2013년에 도입했다. 2%라는 수치가 오래전부터 있었던 상식이 아니다.

1989년 뉴질랜드 중앙은행이 선구적으로 물가 목표를 도입했다. 당시에는 너무 높은 인플레이션을 억제하기 위해 0~2%라고 했다. 그 후 서서히 재검토가 진행되면서 2% 정도가 현실적인 목표라는 눈높이가 정해졌다. 추종하는 국가들도 2%를 채택하는 사례가 많아졌다.

물가의 안정이라면 목표 수치는 0%가 가장 좋을 것처럼 보인다. 하지만 0%가 오래 지속되면 디플레이션이라는 물가 하락 상태에 빠질 수 있다. 그러면 경제가 오래 정체되고, 금융정책의 대응이 어려워진다. 따라서 0%보다 조금 높은 2%를 목표로 하는 것이 적당하다는 생각이 지지받게 된 것이다.

2%는 경제학자들이 이론적으로 산출한 것이 아니다. 각국이 대략적으로 시작한 숫자를 토대로 해서 정책으로 추진하다 보니 점차 많은 중앙은행의 눈높이가 정해진 느낌이다.

2% 물가 목표를 어떻게 달성해 나갈 것인가? 실제 금융정책의 운영에는 나라마다 온도 차도 존재한다. 예를 들어 연준은 2020년에 평균 인플레이션 목표라는 틀을 채택했다. 그때그때 2%의 인플레이션 비율이 되도록 하겠다는 것이 아니라, 몇 년의 기간 동안 평균적으로 2%로 맞추는 것이 바람직하다는 판단이다. 이렇게 경제 정세에 따라 유연하게 금융정책을 수정할 수 있도록 하고 있다.

2022년의 높은 인플레이션 경험을 바탕으로 인플레이션 목표를 2%보다 높여야 한다는 논의도 증가하고 있다. 세계 물가 목표의 정의는 10년 후, 20년 후에 확 달라질 가능성도 있다.

일본은행이 2% 물가 목표를 도입한 것은 2013년

〈4-3〉은 2001년부터 일본 물가상승률을 나타낸 그래프다. 어떤 생각이 드는가?

'신선식품 제외'의 전년 동월 대비 상승률을 2001~2020년으로 평균하면 사실 거의 0%가 된다. 2008년, 2014년은 변동이 있었고, 2021년 이후에는 인플레이션이 심각하지만, 대략 평균화하면 물가는 상당히 안정되어 있다. 해외에서 생활해 본 사람은 실감이 날 것이다.

앞 항목에서 설명했듯이 일본은행이 2% 물가 안정 목표를 도입한 것은 2013년이다. 시라카와白川 전 일본은행 총재 시절인 2012년 2월 시점에는 일본은행법에 있는 물가 안정에 대해 '2% 이하의

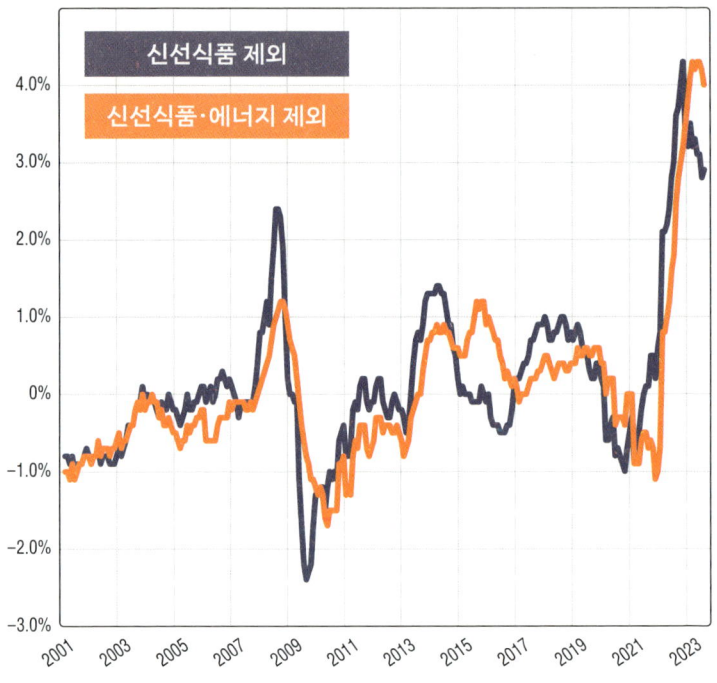

(출처: 재무성 소비세 영향을 제외)

플러스 영역에 있다'라고 하고, '당면은 1%를 목표'로 금융정책을 운영하고 있었다. **'2%를 가능한 한 조기에 실현한다'는 지금의 목표와는 톤이 상당히 다르다.**

사태가 급변한 것은 2012년 11월이다. 민주당의 노다野田 정권이 중의원을 해산했고, **자민당의 아베 신조安倍晋三 총재는 중의원 선거에서 '일본은행의 금융 완화'를 전면에 내세워 압승했다.**

당시는 지금과 달리 일본 경제가 엔화 강세에 시달리고 있었다. 엔화 강세와 디플레이션이 일본 경제를 정체시키고 있다는 논조도 많았다.

아베 정권은 금융 완화에 적극적인 리플레파Reflationist의 핵심 브레인을 영입하고, 총리실이 주도하는 형태로 일본은행의 금융정책에 강하게 관여했다. 세계 각국에서 2%의 채택이 확산하는 가운데 일본만 물가 목표 수치가 낮으면 금융 완화가 상대적으로 약해져 엔화 강세 압력에 노출되기 쉽다는 지적도 있었다.

정권 출범이 한 달도 채 되지 않은 2013년 1월 22일에 정부와 일본은행은 공동 성명을 내고 2%의 물가 목표를 도입했다. 그리고 이때 일본은행 총재의 교체 시기가 봄으로 다가오고 있었다. 아베 총리가 선택한 사람은 재무관 출신으로, 금융 완화에 적극적인 구로다 하루히코黒田東彦였다. 인선에는 혼다 에쓰로本田悦朗, 하마다 고이치浜田宏一 등 금융 완화에 적극적인 리플레파 브레인의 의견이 영향을 미쳤다고 보고 있다.

금융정책에는 독립성이라는 개념이 있다. 정책 판단에 정부가 관여하지 않는다는 것이다. 단 일본은행 총재는 국회에서 기본적으로 당시의 총리가 결정한다. 금융정책은 역시 정치의 힘이 강하게 미친다.

2013년 3월에 구로다 총재가 취임했다. 4월 열린 첫 번째 금융정책 결정 회의에서 '다른 차원', '바주카'라고도 불리는 강력한 금융 완화가 발동되었다.

다음으로 구로다 체제 10년을 빠르게 되돌아보자.

2% 물가,
멀게 느껴진 10년간

구로다 총재는 2013년 4월 취임 후 첫 금융정책 결정 회의에서 물가 목표 2%를 "2년 정도를 염두에 두고 가능한 한 조기에 실현하겠다."라고 했다. **기간을 명시한 것은 일본은행의 의지 표현이기도 했다.**

이때 일본은행의 정책 금리는 제로 금리였기 때문에 금리를 인하하는 것이 아니라 대량의 국채 매입이나 일본 주식에 연동하는 ETF 구매 등을 통해 시장에 돈을 투입해 비전통적인 금융 완화를 대규모로 내세웠다. 시장에 돈을 투입해 물가를 올리려고 한 것이다. 구로다 총재는 기자회견에서 "전력을 순차적으로 투입하지 않고 현 시점에서 필요한 모든 정책을 시행했다."라고 강조했다.

그러나 목표 달성은 몇 년이 지나도 실현되지 않았다. 유가 급락과 소비세 증세 등 역풍도 있었지만, 기업이 가격 인상에 신중하고, 가계는 가격 인상을 받아들이지 않는 일본의 뿌리 깊은 관행이 크게 작용했던 것으로 보인다.

당초에 필요한 정책을 모두 시행했다고 할 정도의 정책이었기 때문에 더 이상 금융 완화를 추가로 할 여지가 별로 없었다. 마이너스 금리 정책과 수익률 곡선 제어 정책[YCC] 등 각종 완화 강화를 쏟아냈지만 물가 상승의 기폭제가 되지 않았다. 수익률 곡선 제어 정책에 대해서는 다음 항목에서 설명하겠다.

게다가 국채 시장의 기능 저하와 급격한 엔화 약세 등 금융 완화의 부작용도 쌓였다. 구로다 체제의 막판에는 이런 금융 완화의 부작용을 억제할 수 있는 조정이 많이 시행되었다. **그러다 보니 금융정책이 몹시 복잡해져서 국민이 이해하기 어려운 상황이 되고 말았다.**

구로다 총재는 2023년 3월 마지막 금융정책 결정 회의에서 "금융 완화는 성공적이었다."라고 평가했다. 물가 목표는 달성하지 못했지만, "디플레이션이 아닌 상황이 되었다."라며 고용이 크게 증가한 것을 성과로 꼽았다.

다만 지난 10년을 통틀어 보면 세계 경제는 성장했고, 주가는 상승했다. 고용 정세의 개선은 인력 부족이라는 구조적 요인도 있다. 구로다 총재의 금융 완화가 얼마나 물가·고용에 추가로 좋은 영향을 주었는지는 지식인들 사이에서도 의견이 분분하다.

국채의 장기 금리를 조정하는 수익률 곡선 제어 정책

구로다 총재의 금융정책은 상당히 복잡하므로 이 책에서는 세부적인 내용까지는 다루지 않는다. 다만 수익률 곡선 통제라는 틀은 2022~2023년에 뉴스에서 자주 등장한 말이므로 간결하게 설명해 두겠다.

수익률 곡선 제어 정책은 2016년에 도입되었다. **이는 10년 만기 국채의 금리를 0% 정도가 되도록 일본은행이 국채를 매매해 유도하는 방식이다.** 국채의 금리는 일반적으로 플러스이기 때문에(그렇지 않으면 아무도 국채를 사지 않는다) 일본은행이 국채를 사들여 강제로 0%로 억제하는 방식이다.

일반적인 금리 인상과 금리 인하는 단기 금리의 조정이라고 설명했다. 수익률 곡선 제어 정책은 단기 금리를 더 이상 내리기 어려워져서 우여곡절을 거쳐 10년 만기 국채라는 장기 금리를 조정한 구조다.

0% 정도라고 해도 확실히 0.000%를 목표로 하는 것은 아니다. 국채는 주가처럼 매일 투자가들 사이에서 거래되고 있어 엄격하게 0.000%를 목표로 하는 것은 어렵고, 국채 시장의 거래 자체가 정체할 우려도 있다.

이런 이례적인 정책을 7년 이상 지속해서 국채 시장의 기능 저하가 두드러졌다. 국채 구매도 계속되어 국채 발행 잔고의 절반 이상을 일본은행이 가지는 사태가 되기도 했다.

그래서 일본은행도 수익률 곡선 제어 정책에 다양한 수정을 가해 왔다. 당초에는 0% 정도로 유도하는 것에서 ±0.1% 정도의 폭을 허용하도록 운용했다. 그러나 국채 시장의 기능을 배려하는 관점에서 이 허용 폭은 0.25%, 0.50% 등으로 조금씩 넓어졌다.

2023년 10월에는 1%를 넘어도 용인하게 되었다. 0% 정도라는 문구는 남기면서도 1%를 넘어도 된다고 했기 때문에 수익률 곡선 제어 정책은 유명무실해졌다는 평가도 많다.

그래도 2022년에 급격하게 엔화 약세가 진행된 한 요인은 수익률 곡선 제어 정책에 있었다. 그 메커니즘을 다음 항목에서 설명하겠다.

엔화 약세의
두 가지 이유

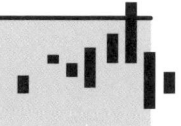

제1장에서는 엔화 약세가 일반 국민의 생활에 미치는 영향을 이야기했지만, 왜 엔화 약세가 일어났는지는 언급하지 않았다. 여기에서는 그것을 설명하도록 하겠다.

2022년 엔화 약세는 미일 금융정책의 영향이 컸다. 연준은 급격한 인플레이션을 억제하기 위해 금리를 0에서 5%대로 끌어올렸다.

한편 일본은행은 대조적으로 금융 완화를 끈질기게 고수하는 자세를 계속 유지했다. 일본도 인플레이션이 일어났지만, 이것은 수입품 가격 상승이 주된 원인으로, 일본 국내에서 강한 소비 의욕이 일어나 비롯된 인플레이션은 아니었다. 일본은행은 금융 완화를 이어가서 경기를 지탱하는 것에 중점을 두었다.

4 중앙은행은 금융시장의 심장

〈4-4〉의 그림은 환율에 영향을 준다고 여겨지는 2년 만기 국채의 이율이다. 정확히 말하자면 향후 2년간 중앙은행의 금융정책 전망을 반영한 금리가 된다.

그림을 보면 미국의 2년 만기 국채 금리는 크게 상승했고, 일본의 금리는 거의 제자리걸음을 하고 있다. 여기에 엔/달러 환율을 겹치면 대부분 이것과 평행하게 움직이고 있음을 알 수 있다.

이자가 5%인 통화와 이자가 0%인 통화가 있다면 5%가 더 매력적이다. **물론 다른 조건도 있지만, 기본적으로 금리가 높은 쪽의 통화를 사는 경향이 있다.** 특히 2022년은 미국 금리가 급상승했기 때문에 달러의 인기가 확 올랐다.

일본의 금리도 크게 상승했다면 지금까지 엔화 약세, 달러 강세는 진행되지 않았을 것이다. 연준의 급속한 금리 인상과 일본은행의 금융 완화로 인해 기록적인 엔화 약세, 달러 강세가 진행되었다.

환율 전망은 매우 어려워서 앞으로 몇 년간 환율이 어떻게 될지는 예상할 수 없다. 금융정책만이 아니라 무역, 산업 구조, 투자 등 여러 요인이 얽혀 있다. 다만 일본의 금리는 20년 이상 거의 0%였다.

일본은행도 금융 완화 수정을 추진하고 있지만, 금리가 미국처럼 크게 상승하는 것은 좀처럼 전망하기 어려운 상황이다. **해외 정세에도 좌우되지만, 엔화 약세로 기울기 쉬운 구조가 오래 지속될 가능성을 염두에 두는 것이 중요하다고 본다.**

(출처: QUICK FactSet, 재무성)

구조적인 엔화 약세를 자극하는
일본의 무역 적자

2010년 무렵까지 일본은 무역 흑자국이었다. 무역 흑자는 수출이 수입보다 많은 상황이다. 자동차와 전자기기 등에서 국제 경쟁력이 강했다. 그런데 지난 10년 정도는 무역 적자가 두드러졌다. 전자기기 등 수출품의 국제 경쟁력이 떨어졌으며, 에너지의 수입 의존이 강해진 것이 영향을 주고 있다.

무역 수지는 물건의 수출입이지만, 서비스의 수출입에서도 구조 변화가 일어나고 있다. **가장 큰 요인은 디지털 소비라고 한다.** 알기 쉽게 말하면, 유튜브, 아이폰 앱, 넷플릭스Netflix, 줌Zoom 등이다. 여러분이 무심코 사용하는 서비스도 잘 생각해 보면 대부분 해외 기업이다. 넷플릭스를 구독하면 돈은 미국 기업의 수익이 된다.

유튜브는 무료라도 광고를 보면 광고주에게서 나오는 광고 수입이 구글로 간다. 국내의 텔레비전을 보고 방송국에 광고 수입이 가면 돈은 국내에서만 이동하지만, 유튜브를 이용하면 해외 서비스의 수입이 된다.

이런 돈의 축적이 무시할 수 없는 규모가 되고 있다. 코로나 사태 이후 원격근무와 DX(디지털 전환) 활용이 빠르게 확산하면서 줌, 세일즈포스^{salesforce}, 슬랙^{Slack} 등 직장에서 해외 서비스를 이용할 기회도 늘었다. 편리해지는 것은 좋은 일이지만, 지금까지 일본에서 이루어진 사무가 해외 서비스를 수입하는 형태로 대체되는 것이다.

이 트렌드는 쉽게 바뀌지 않을 것이다. 한번 큰 플랫폼을 장악하고 브랜드력이나 개발력에서 압도하면 강한 기업의 지위가 더욱 확립될 가능성이 크다.

일본이 매력적인 물건·서비스를 만들어 내면 외국인이 외화를 엔으로 바꿔 사러 오기 때문에 엔화 강세가 되기 쉬워진다. 그러나 일본의 물건이나 서비스가 외국에서 팔리지 않게 되면 외국인이 엔화를 살 기회가 줄어든다. 즉 엔화 강세를 유도하는 힘이 약해지는 것이다. 반대로 일본인이 외국의 물건이나 서비스를 사면 엔화를 팔고 외화를 사는 엔화 매도의 압력이 된다.

길게 보면 엔화 약세는 일본 산업의 경쟁력 저하를 보여준다고도 할 수 있다. 외국인 관광객의 급증 등 일본의 매력에 주목한다는 면도 있지만, 전체적으로 물건·서비스 모두, 적자 방향으로 기울고 있다. 환율은 이런 구조적인 요인도 장기적인 통화 분산을 고려하는데 매우 중요하다.

일본의 물가는 어떻게 될 것인가?

금융정책과 밀접하게 관련된 것이 물가다. 잠깐 살펴보자.

소비자 물가지수 상승률(전년 동월 대비)은 2023년에 4%를 넘었다. 오일 쇼크의 영향이 지속된 1981년 이후 처음 있는 증가다. **태어나서 처음이라고 하는 사람도 많았다.** 그 후 정부의 전기료 감면 정책 덕분에 증가는 소폭 줄었지만, 기록적인 상승은 이어지고 있다.

가격 인상이 눈에 띄는 것은 식용유, 빵, 마요네즈 등의 식품이다. 전기세, 가스세 등의 에너지, 아이폰 등 휴대폰도 크게 오르고 있다. 식품과 에너지는 수입에 의존하는 정도가 크고, 엔화 약세가 진행되어 원재료비가 급등했기 때문이다.

물가는 수요와 공급의 균형으로 결정된다. 경기가 좋아서 가격이 비싸더라도 사고 싶다는 수요가 강하면 가격이 오른다. 원재료의 상승이나 물품 부족과 같은 공급 요인으로도 가격이 상승한다.

2022~2023년 일본은 소비의 강세보다는 공급 부족으로 가격 인상이 일어났다. 다시 말해 공급 부족이 약해지면 가격 인상의 압력도 약해진다.

2022년 10월에는 1달러＝150엔대까지 엔화 약세가 진행되었지만, 2023년에 들어서는 120엔대까지 변화해서 엔화 강세로 돌아간 시기도 있었다. 원유나 밀 같은 1차 산품 가격도 2022년 중반부터 상승이 한풀 꺾였다. 경제학자들 사이에서는 2024년에 물가 상승률이 1~2% 정도로 진정될 것이라는 견해도 있다.

다만 **가격 인상에 대한 국민의 가치관이 바뀌고 있을 가능성이 있다.** 어쩌면 앞으로 가격 인상의 역학이 바뀔지도 모르는 가능성에 대해 생각해 보자.

가격 인상의 역학이 바뀌기 시작했다

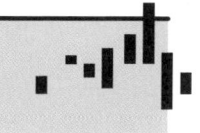

내가 초등학생이었던 1980년대는 만화 잡지나 캔 음료의 가격이 간간이 인상되었던 것을 아직도 기억하고 있다. 〈4-5〉의 도표는 소비자 물가의 '전년 대비'가 아니라 '가격'의 변화다. 1980년대는 일본에서도 가격 인상이 자주 있었다는 것을 알 수 있다.

그러나 버블이 터지고, 1990년대 이후에는 가격 인상의 문화가 크게 바뀌었다. 소비세 증세와 고유가 등으로 잠시 상승했을 때도 있지만, 최근 1~2년의 급상승을 제외하면, 거의 보합세를 보인다.

30년 가까이나 가격 인상이 별로 없었던 사회를 겪으면 '물가는 오르지 않는다.'라는 감각이 많은 사람에게 뿌리내리게 된다. 가격 인상 소식을 들었을 때 국민의 저항감은 외국보다 훨씬 강할 수밖

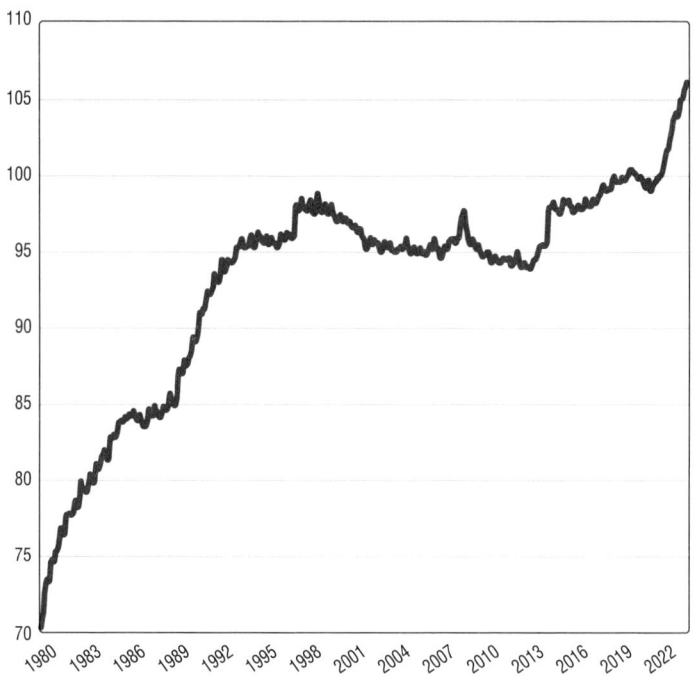

(출처: 총무성 2020년=100, 계절 조정된 값)

에 없다.

기업이나 가게는 가격을 올리면 손님이 떠날 수 있다는 경계심이 강해서 쉽게 가격 인상을 단행할 수 없다. 이런 순환을 반복한 결과가 도표의 움직임이라고 할 수 있다.

그러나 최근 1~2년 사이에 가격 인상이 잇따르자 "주변에서도 가격을 올리는 데 우리도 할까?"라는 사례가 늘었다. 외식 업소를 봐도 여기저기서 가격 인상이 잇따랐다. 맥도날드는 1년 만에 여러 차례 가격을 올렸고, 한 번 가격을 올리면 당분간 못한다는 분위기가 옅어지고 있다.

가격을 인상하면 소비자는 곤란하겠지만, 일제히 가격을 올리면 포기할 수밖에 없는 면도 있다.

핵심은 급여다. **급여가 인플레이션 수준으로, 혹은 그 이상으로 오르면 가계도 가격 인상에 대한 허용도가 올라간다.** 기업의 매출액이 성장해 수익이 오르고, 직원의 급여도 올라가는 선순환으로 향한다.

2022년은 물가가 올라도 급여 인상이 느려서 가계에 힘든 해였다. 다만 급여 인상의 역학에도 변화가 나타나기 시작했다. 2023년의 급여 인상 상황을 다음 항목에서 확인하자.

급여 인상의 역학에도
구조 변화

2023년 1월, 한 뉴스가 화제가 되었다. 유니클로를 운영하는 패스트 리테일링이 대규모 급여 인상을 발표한 것이다. **초봉은 25만 5,000엔에서 30만 엔**(300만 원)으로 올리고, 국내 인건비는 총 15% 늘리겠다고 한다. 해외에서 급여 상승이 지속되는 가운데, 글로벌한 눈높이에서 우수한 인재를 확보하기 위해 크게 올렸다.

유니클로만이 아니다. 산토리 홀딩스도 대폭적인 급여 인상을 단행했다. 니나미 다케시 사장은 **"지금까지와 달리 급여 인상은 머스트."**라고 말했다. 3월 대기업의 춘계 임금 인상 투쟁에서도 노동조합의 요구에 대해 전액을 수용하는 대기업이 잇따랐다.

임금을 좌우하는 요인은 무엇이라고 생각하는가? 여러 가지가 있지만, 나는 크게 다음 세 가지를 꼽는다.

　① **기업의 이익**

　② **인력 부족**

　③ **물가**

　첫 번째, 기업의 이익은 알기 쉽다. 회사가 이익을 내고 있으면 직원의 급여는 쉽게 오른다. 두 번째, 인력 부족은 예를 들어 취업 빙하기라고 불리던 시대에는 급여를 올려 받기는커녕 취직할 곳을 찾기도 힘들었다. 최근에는 반대로 인력 부족이 심화되고 있다. 기업은 급여를 올리거나 일하기 쉽고 보람 있는 직장 환경을 만들지 않으면 직원을 확보하기 어려워지고 있다.

　세 번째는 물가다. 식품 등의 생필품이나 전기 요금 등이 오르면 직원의 생활이 힘들어진다. **노동조합의 임금 협상에서도 물가의 움직임은 중요한 논점이 된다.** 2022년 후반 무렵부터는 급격한 인플레이션에 대응해 일시금을 지급하는 기업도 증가했다.

　기업 수익은 느리게 회복되고 있다. 그리고 인력 부족은 저출산 고령화의 영향으로 거세지고 있다. 거기에 물가 급등이라는 요인이 겹쳤다. 금세기 들어 급여가 가장 오르기 쉬운 환경이라고 할 수 있다.

다만 지금까지의 임금 인상은 대기업 중심이었다. 중소기업은 적극적으로 임금을 인상할 수 있는 곳이 아직 많지 않아서 앞으로 어느 정도 확산할지 보기 어려운 면이 있다.

이것이 일시적인 것인지, 큰 트렌드 변화의 시작인지 궁금해진다. **거기에는 위의 세 가지 요인 외에 젊은이들의 가치관 변화도 중요하다.** 다음은 이를 살펴보도록 하겠다.

직원이 회사를 고르는 시대가 되다

'5년 이내에 퇴직 예정'이라는 신입사원이 40%라는 결과가 인재 채용 회사 마이나비Mynavi의 2023년 설문조사에 등장했다. 이를 통해 정년까지 같은 회사에 근무하려는 사람이 해마다 줄어들고 있음을 알 수 있다.

일본에서는 20세기 후반의 전후 부흥기, 고도 성장기, 버블 경제 속에서 종신고용과 연공서열이 주류였다. 그러나 21세기에 접어들어 인터넷, 스마트폰, AI와 테크놀로지가 점점 진화하면서 사람들의 삶의 방식과 산업 구조가 크게 전환되었다.

특히 2023년 들어서는 ChatGPT 등의 AI가 우리 삶과 업무 방식을 크게 바꾸고 있다. 이런 세상이라면 '한 회사에 40년 근무하고,

사내에서 출세하자.'는 의식을 지닌 젊은이가 줄어드는 것도 이해가 간다.

나는 40세가 넘어서 18년간 근무한 〈니혼게이자이신문〉을 퇴직했다. 내 주위에서도 40세 전후에 이직하는 사람이 많아서 새롭게 이야기를 들어도 별로 놀랍지 않다. 50세 전후에 처음 이직하는 사람도 많아진 느낌이다.

일본은 지금까지 좋든 나쁘든 이직을 많이 하지 않는 경향이 있었다. 직원 입장에서도 급여는 오르기 어렵지만 갑자기 해고될 위험은 낮다는 장점도 있었다.

다만 한 회사에 오래 있는 것 자체가 위험하다고 느끼는 사람이 20~30대를 중심으로 늘고 있다. 부업이나 리스킬링 같은 말을 자주 듣게 된 것도 같은 맥락에 있다고 할 수 있다. 그러면 고용주도 '급여를 올리지 않아도 괜찮을 것이다.'라는 생각은 잘 통하지 않는다. 일하는 보람이 있고, 업무가 편한 직장 환경의 정비도 중요해진다.

정부도 고용 유동화를 지원하고 있다. 이런 것이 거듭되어 국민 개개인이 일하는 방식에 대한 의식도 바뀌면 이직이 증가할 것이다. **계속 구태의연한 인사 전략을 펴는 기업은 우수한 신규 졸업 사원을 채용할 수 없을 뿐 아니라 기존의 사원까지 유출될 수 있다.**

앞서 산토리의 니나미 다케시 사장의 "지금까지와 달리 급여 인상은 머스트."라는 말을 소개했다. 학생들에게 인기가 높은 대기업에서도 이런 의식 변화가 일어나고 있음을 생각하면 기업의 임금 전략에도 큰 물결이 오고 있을 가능성도 있다. **그런 시점에서 앞으로 나오는 고용 관련 뉴스를 보면 흥미로울 것이다.**

미국 FRB는 세계 금융의 중심

미국의 중앙은행은 FRB다. 지금부터는 금융시장, 세계 경제를 좌우하는 미국의 FRB(이하 연준)로 화제를 옮기겠다.

최근 1~2년 사이에 미국의 금융정책이 뉴스에서 언급되는 기회가 매우 늘었다. 경제 미디어뿐 아니라 텔레비전의 일반적인 뉴스 프로그램에서도 현격히 증가하는 듯하다. 이처럼 미 연준은 일본에서도 주목받고 있다. 그 까닭은 무엇일까?

"세계 최대 경제 대국의 중앙은행이기 때문에."

"기축통화인 달러의 나라이기 때문에."

이유는 여러 가지 있을 것이다. 다만 이유가 그뿐이라면 어째서 최근 몇 년 사이에 주목도가 올라갔는지에 대한 설명은 되지 않는다. 미국은 오래전부터 세계 1위의 경제 대국이었고, 달러는 오래전부터 기축통화였다.

이유 중 하나로 일본에서 개인적으로 투자하는 사람이 늘어난 것을 생각해 볼 수 있다. 자세한 내용은 제5장에서 이야기하겠지만, NISA 등 정부의 투자 지원이 진행되어 비용이나 편의성 면에서도 투자의 장벽이 낮아졌다. 개인이 소액의 적립식 투자로 S&P500 등 외국 주식 투자를 하는 일이 급속히 늘었다. 거기에 맞춰 미국 주식이나 환율을 크게 좌우하는 연준의 금융정책에 관심을 보이는 사람들이 늘었다는 것이 큰 요인이다.

또 하나 큰 요인은 연준이 시행하는 금융정책이 세계 금융시장과 경제에 미치는 영향이 최근 몇 년 사이에 커졌다는 것이다. 왜 미국이라는 한 나라의 금융정책이 세계 시장에 영향을 미치게 되었을까?

금융정책은 정부의 재정정책보다 신속하게 대응할 수 있다. 코로나가 미국을 강타한 2020년 3월에 연준은 긴급회의를 열어 큰 폭의 금리 인하와 대규모 자산 매입을 결정했다. 한편 2022년에 인플레이션이 진행되자 단번에 금리 인상을 진행했다.

본래 이런 금융정책의 급전환은 바람직하다고는 할 수 없다. 즉 코로나와 그 후의 경제 정상화는 지금까지 경험하지 못한 사건이었다. **이럴 때 위기에 대응하기 위해 연준에 막중한 임무가 주어졌고, 결**

과적으로 경제와 금융시장에 미치는 영향도 커졌다.

금융시장이 해마다 비대해지고 있는 것도 무시할 수 없다. 21세기에 접어들어 세계화와 디지털화가 급속히 진행되면서 돈은 국경을 넘어 순식간에 오가게 되었다.

이처럼 국제 금융시장의 중심인 미국의 움직임은 일본과 밀접하게 연결되어 있으며, 그 미국의 금융시장을 좌우하는 연준의 움직임은 매우 중요한 경제 뉴스다. 연준의 움직임을 파악하지 않고는 금융시장이나 일본 경제를 이해하기가 어려워지고 있다.

코로나 이후 미국의 주요 금융정책

연준을 깊게 파기 시작하면 책 한 권으로도 부족하므로 이 책에서는 빠르게 현재로 이어지는 코로나 이후의 금융정책을 살펴보겠다.

2020년 봄, 미국에서도 코로나 감염 폭발이 일어나 각지에서 록다운(도시 봉쇄)이 벌어졌다. 경제는커녕 사회 활동 자체가 정지되는 사태였다. 이때 연준은 중앙은행으로 가능한 한 경제와 금융시장의 와해를 막고, 최대한 빠르게 경제와 사회를 정상화하고자 전력으로 금융 완화를 추진했다.

2020년 중반부터는 우여곡절을 거쳐 단계적으로 경제 활동이 재개되었다. 그동안 금융 완화와 함께 정부의 재정 지출도 있었다. 따라서 시장에는 돈이 흘러 들어갔고, 경기는 2020년 후반부터

2021년까지 힘차게 회복되었다. 미 연준은 경제 정상화에 온 힘을 다하기 위해 2021년 중반까지 금융 완화를 확실히 지속할 것임을 강조했다.

그런데 2021년 후반부터 이변이 발생했다. 일시적인 것으로 보였던 인플레이션이 진정되기는커녕 기록적인 상승을 이어간 것이다. 그 이유는 다음 5가지를 꼽을 수 있다.

① 재정 지출과 금융 완화의 영향으로 수요가 급격히 회복되었다
② 주가와 부동산 가격의 상승으로 부유층의 소비 의욕이 확대되었다
③ 급격한 경제 재개로 물류망(서플라이 체인)에 혼란이 일어나 물건을 구하기 어려워졌다
④ 원유 등 1차 산품 가격 상승
⑤ 인력 부족으로 인한 임금 상승

이런 강력한 요인이 한꺼번에 겹치면서 소비자 물가지수^{CPI}의 전년 동월 대비는 2022년 6월에 9.1%나 높아졌다.

이 정도의 인플레이션은 국민 생활에 큰 타격을 준다. 이 무렵 바이든 대통령도 인플레이션 대책을 경제의 최우선 과제로 꼽았다. 연준은 그동안 경제 회생을 최우선으로 금융 완화를 지속했지만, 인플레이션 억제를 위한 금융 긴축으로 방향을 확 틀었다.

급격한 금리 인상은 경기에 제동을 거는 측면도 있지만, 파월 의장은 "물가 안정이 없으면 경제는 누구를 위해서도 기능하지 않는다."라고 강조하고, 경기를 다소 희생시켜서라도 인플레이션 저지를 우선했다.

이렇게 해서 이제까지 소개한 대로 금리 인상은 통상 0.25%씩 올리지만, 2022년에는 0.75%의 금리 인상을 4번 연속으로 실시하는 등 유례없는 급격한 긴축을 진행했다. 2023년 후반에는 금리 인상을 중단하고, 연준은 과거 금리 인상의 영향과 물가·경기의 전망을 지켜보고 있다.

경기가 우선인가,
물가가 우선인가

그동안 급격하게 금리를 올려 인플레이션을 억제하려 했던 연준은 2022년 12월부터는 금리 인상 폭을 줄여나갔다. 구체적으로 0.75% → 0.50% → 0.25%로 했다.

2022년 말 시점에서도 인플레이션 비율이 높기는 했지만, 2022년 중반부터 비율이 둔화되었기 때문이라고 볼 수 있다. 금융정책이 경제와 물가에 영향을 미치는 것은 반년에서 2년 정도 걸린다고 한다. 기록적인 속도로 금리 인상을 추진해 왔기 때문에, 일단은 그 영향을 파악하려는 면도 있었을 것이다.

그러나 연준은 2022년 봄 이후 복잡한 딜레마를 안게 된다. 인플레이션은 정점을 찍었다고 하나 상승 압력은 여전히 강해서 목표로 하는 2%의 상승률을 크게 웃도는 상황이 이어졌다. 반면 금리를 계속 인상해 온 결과 경기가 둔화하는 느낌도 강해졌다.

연준에게 물가 안정은 중요하지만, 경기나 고용이 엉망이 되어서도 안 된다. 금리 인상의 효과가 지나쳐서 실업자가 급증하는 것은 바람직한 상황이 아니다.

즉 '인플레이션을 억제하려면 금리 인상'과 '경기를 생각하면 금리 인상을 중단하거나 금리 인하'라는 딜레마에 빠지게 되었다. 경기 악화가 심하지 않으면서 인플레이션이 서서히 진정되어 가는 것이 이상적인 전개다. 하지만 현재는 그렇게 될지 불투명한 상황이다.

금융 시스템은 사회를 혈관처럼 둘러싸고 있다

이번 장의 시작에 중앙은행의 사명은 국민이 경제생활을 쉽게 할 수 있도록 금융 환경을 조성하는 것이라고 했다. **그 핵심은 물가 안정과 금융 시스템 안정**이다. 그런데 금융 시스템은 일반적으로 가까이 하기가 어려운 말이다.

〈4-6〉은 금융 시스템을 간단히 나타낸 도식화다. 민간 은행은 어느 나라에나 많이 있다. 그리고 은행끼리는 날마다 많은 자금을 주고받는다. 알기 쉽게 말하자면 미쓰비시 UFJ 은행의 계좌에서 미쓰이스미토모 은행의 계좌로 이체하는 경우도 있다. 경쟁사라도 서로 매일 밀접한 거래를 하고 있다. **은행 사이에 대량의 단기 자금 거래도 이루어진다.**

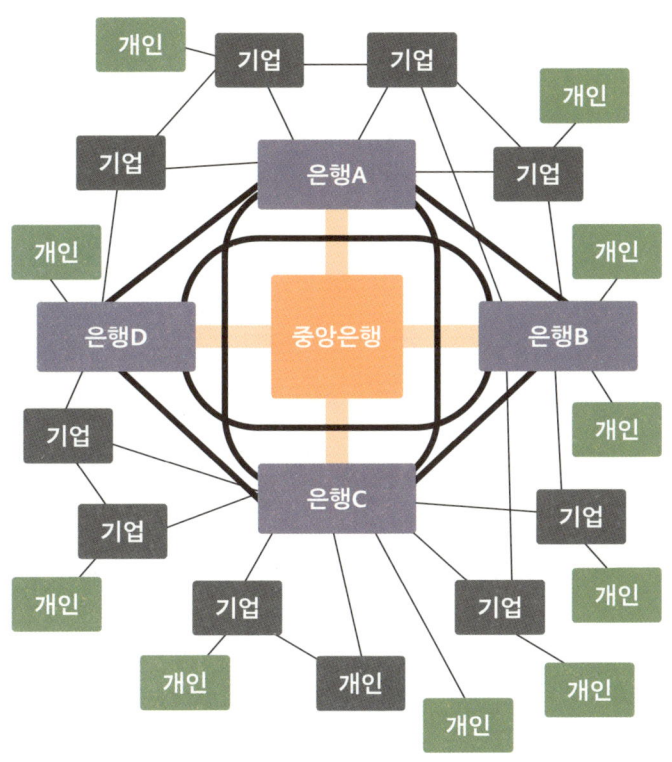

그래서 만약 은행 A가 파산하거나 파산할지도 모른다는 우려가 확산하면 은행 B, C, D에도 순식간에 악영향이 미칠 수 있다. 은행 B, C, D에는 문제가 없어도 '여기는 파산할지도 몰라.'라는 생각이 들면 도미노처럼 영향을 받을 수 있다는 것이 포인트다.

은행은 많은 기업이나 개인에게서 들어오는 예금이 있고, 대출도 진행한다. 은행이 쓰러지면 기업의 자금 융통이 어려워져서 많은 사업 활동에도 영향을 미칠 수 있다.

이처럼 은행 관계뿐 아니라 기업이나 개인에게도 네트워크가 혈관처럼 둘러싸여 있다. 돈이 혈액처럼 구석구석까지 흘러가 경제 활동을 뒷받침한다. **이 인프라 구조가 금융 시스템이다.**

금융 시스템이 위기 상황을 맞은 것이 2008년의 리먼 쇼크다. 리먼 브라더스^{Lehman Brothers}라는 거대한 금융 기관이 파산해서 금융 시스템에 혈액이 돌지 않는 사태에 빠졌다. 이 사건은 다른 은행에 타격을 주었을 뿐 아니라 기업과 가계의 자금 융통도 어려워지고 주식시장도 대혼란에 빠졌다.

이런 위기가 다시 일어나지 않도록 세계 금융당국은 지난 10여 년간 대책을 마련해 왔다. 금융 규제를 정비해서 미리 위기가 발생하지 않도록 대비하고, 금융 기관에 대한 감시의 눈도 강화했다. 무슨 일이 생겼을 때는 신속하게 대응하는 체제도 갖추었다.

그래서 리먼 쇼크 전보다 금융 위기가 일어나기 어려워졌다. 그렇다고 해도 당국은 리스크를 완전히 파악할 수 없다. 2023년에 미국 은행 실리콘 밸리 뱅크**Silicon Valley Bank**나 크레디트 스위스**Credit Suisse**의 경영 불안으로 시장이 동요했듯이 이런 충격이 또 찾아올 가능성은 존재한다.

　이런 금융 시스템의 안정을 확보하는 일은 중앙은행에게 물가 안정만큼 중요하다.

제 5 장

투자를 시작하자

투자를 할 때 가장 먼저 중요한 것

'투자를 시작하자'라는 이야기를 하는 장이지만, 먼저 투자 사기 이야기를 해보겠다. '투자 사기가 나랑 무슨 상관이야.'라고 생각할 수도 있다. **하지만 투자 사기는 저축이 많지 않은 젊은이도 포함해서 누구나 타깃이 될 수 있다.** 본인에게 덮쳐오는 것을 제대로 의식하지 않으면 돌이킬 수 없게 된다.

사기에서 자주 보이는 수법은 원금 보증, 월 ○만 엔, 이율 ○% 라는 듣기 좋은 문구다. **현재 일본에서 원금 보증으로, 이익·이율을 확실하게 얻을 수 있는 것은 국채 이외에는 없다.** 만약 그런 광고가 있다면 어떤 큰 리스크가 숨어 있거나 거짓말이다.

'그런 건 당연히 알지.'라고 생각하는 사람이 많을지도 모른다.

그러나 사기 집단은 사람을 속이는 전문가다. 어떻게 하면 사람이 속는지, 거절하지 못하는지 노하우를 축적해 놓았다.

최근 몇 년간 비트코인, 블록체인, NFT, AI 등의 키워드를 교묘하게 사용해서 '지금까지 없었던 투자'라는 식으로 부추기는 경우가 자주 보인다. '지금만' '여기에서만'이라고 하는 희소성을 호소해서 급하게 구매를 유도하는 패턴도 있다.

투자 사기는 처음에 소액이었다고 해도, 한 번 응하면 이런저런 수를 써서 추가 자금을 요구해 온다. **저금이 적은 학생이라도 소비자 금융에 뛰어들게 해서 가능한 모든 금액을 빌리게 하는 수법도 있다.** 젊은 나이에 투자 사기를 당해 빚을 지고 자살로 내몰리는 안타까운 사건도 있다.

친분이 있는 지인의 소개로 사기에 휘말릴 수도 있다. 어쨌든 듣기 좋은 이야기는 의심해야 하고, "좋은 투자 이야기가 있어."라는 접촉은 일단 의심해 봐야 한다. 그리고 '원금 보증' '무조건 돈을 번다' '월 ○만 엔'이라는 식으로 부추기는 권유에 특히 주의하자.

만약 '이거 정말 투자해도 괜찮을까?' '사기에 휘말려 있을지도 몰라.'라고 느꼈을 때는 전화 번호 188로 상담하기 바란다(한국의 금융민원 상담 번호는 1332번이다-옮긴이).

이 번호는 지방자치단체에서 운영하는 상담 창구로 연결된다. 다양한 사기 사례를 파악하고 있어 적절한 조언을 해준다.

주식을 시작하고 싶을 때의 기본적인 흐름

주식을 거래하려면 **먼저 증권사에 계좌를 개설**해야 한다. 절차는 은행 계좌를 만들거나 신용카드를 만드는 것과 큰 차이가 없다. 최근에는 스마트폰으로 신분증을 스캔해서 편리하게 등록할 수 있는 곳도 늘어났다. 계좌를 개설하려고 마음먹으면 며칠 안에 거래를 할 수 있다. 그 후에는 기본적으로 은행 계좌에서 증권 계좌로 자금을 옮기고, 그 돈으로 주식이나 투자신탁을 구매한다.

　계좌를 여는 증권사에는 많은 후보가 있는데, 어디가 좋으냐는 질문을 자주 받는다. 기본적으로 **온라인 증권**이 수수료가 저렴해서 추천하는 편이다. 증권사마다 수수료 체계나 서비스가 조금씩 다르지만 모두 저렴한 비용으로 사용하기 편리하다. 몇 군데의 웹사이트를 확인하고, 자신이 사용하기 쉬울 만한 증권사를 선택하는 것이 좋다.

여러 증권사의 계좌를 가진 사람도 있는데, 관리의 수고를 생각하면 하나의 증권 계좌만 있어도 충분하다. 신 NISA 계좌는 한 사람당 하나의 금융 기관에서만 개설할 수 있다.

어떤 증권사든 세제나 주문 방법에 대해 알기 쉬운 설명이 준비되어 있다. **계좌를 개설한 후 이런 설명을 보면서 주식이나 투자신탁을 조금 사보면 좋을 것이다.** 소액이라도 사보면 주식 거래에 데뷔했다는 실감이 들면서 까다로운 설명도 머리에 쏙쏙 들어온다.

거래하다 보면 의문점도 생길 것이다. 그럴 때는 증권사의 Q&A나 인터넷을 통해 조사해 보면 점점 이해가 깊어질 것이다. 뭐든 그렇지만 갑자기 두꺼운 교과서를 읽기보다 **실제로 손을 움직여 보면서 의문이 들었던 점을 조사하는 편이 압도적으로 이해가 빠르다.**

저자 본인이 하는 투자

이 장에서는 다양한 투자의 방법을 말하고 있지만, "그럼, 당신은 어떻습니까?"라는 말이 들려올 것 같다. 그래서 내가 어떤 투자를 하고 있는지 이야기하겠다. 그러는 편이 투자의 이미지를 떠올리기 쉽고, 설득력도 있을 것이다.

내 투자의 기본적인 방침은 몇 가지 항목별로 나타낼 수 있다. 미리 말해두자면 상당히 표준적인 투자 전략이다.

기본적으로 장기 운용한다

한 번 산 주식이나 투자신탁의 대부분은 짧게는 몇 개월, 길면 몇 년씩 보유할 방침이다. 단기 매매보다 장기 투자가 대다수의 개인에게 알맞다고 생각하기 때문이다.

분산 투자한다

일본 주식, 해외 주식, 채권 등으로 분산한다. 통화별로는 달러를 중심으로 외화의 비율을 높이고 있다. 투자신탁을 활용하여 저비용으로 효율적으로 분산을 도모한다. 개별 주에도 투자하지만, 일본이나 미국에서 10종목 이상 가지는 것으로 분산 효과를 볼 수 있다.

매수 타이밍도 분산한다

매달 얼마간의 주식과 투자신탁을 매수한다. 나는 지금 수입이 안정된 회사원이 아니라 불안정한 프리랜서이기 때문에 정기적 금액 투자는 아니지만 매달 주식이나 투자신탁을 사는 일로 매수 타이밍도 분산시키고 있다.

NISA, iDeCo 십분 활용

세제 혜택이 있으므로 주식이나 투자신탁을 산다면 기본적으로 이 제도를 활용해야 한다. 이것은 장기·분산 투자와도 잘 맞는다. NISA나 iDeCo(한국의 IRP에 해당-옮긴이)의 해설은 인터넷이나 서적에 많이 나와 있으므로 이 책에서는 생략한다.

간단히 말해 일반적인 투자는 시세 차익이나 배당에 약 20%(한국의 배당소득세는 15.4%-옮긴이)의 세금이 부과된다. 그러나 NISA도 iDeCo도 기본적으로 면제된다. 또한 iDeCo는 투자한 만큼 소득에서 공제되기 때문에 소득세와 주민세가 줄어든다. 이 제도가 얼마까지 사용할 수 있는지는 시기와 개개인의 상황에 따라 다르니 웹사이트 등을 통해 확인 바란다.

여기까지 대략 전달했는데, 그다음으로 장기, 분산, 적립식에 대해 자세히 알아보자.

단기는 개인 투자자가 불리하다

앞서 장기 투자가 좋다고 이야기했다. 여기에서는 먼저 단기 매매로 계속 돈을 버는 어려움부터 전달하겠다.

데이 트레이더처럼 같은 날 매수와 매도를 반복해 그 시세 폭으로 돈을 버는 투자자가 있다. 며칠에서 몇 주라는 좀 더 긴 기간 동안 수익을 노리는 사람도 있다.

다만 이러한 단기 거래로 제대로 수익을 올릴 수 있는 개인 투자자는 극소수라고 한다. 시세의 분위기를 읽는 능력, 단기간에 큰 가격변동이 있어도 흐트러지지 않는 정신력, 눈을 부릅뜨고 뉴스와 투자 정보를 계속 쫓는 노력, 그리고 운까지 중요한 요소가 필요하다.

'몇백만 엔' '1억 엔' 같은 성공 스토리는 자극적이라서 달려들고

싫어지는 사람이 있는 것도 알지만, 쉽게 재현할 수 있는 것은 아니다. 반대로 말하자면 이런 점에 특화되어 큰 조직으로 운영하는 곳이 세계 곳곳에 많다. 이를 개인 투자자와 대비해서 기관 투자자라고 부른다.

시스템에 몇백억 엔씩 투자해서 전 세계의 가격 변동을 분석하고, 투자 타이밍을 찾는 펀드도 있다. HFT(초단타 매매)라고 해서 밀리세컨드(천분의 1초) 단위로 프로그램 거래를 하는 곳도 있다. 새로운 뉴스가 나오면 1초도 안 되어 가격에 미치는 영향을 판단하는 프로그램도 있다. 그리고 높은 보수로 많은 애널리스트를 고용해서 질 높은 분석을 하는 팀도 있다.

이런 조직에 단기 거래로 한 사람이 맞서기는 상당히 어렵다. 무조건 진다는 것은 아니지만, 여러 번 승부를 거듭하다 보면 전체적으로 질 가능성이 상당히 커진다.

또 하나 단기 거래에는 금전적인 측면 이외의 비용도 있다. 나에게도 단기 거래를 활발하게 하던 시기가 있었다. 다행히 큰 손실로 이어지지 않았지만, 돈 이외의 비용이 들었다. **일상생활도 시세에 휘둘리게 되는 것이다.**

단기 매매를 반복하다 보면 '지금은 매매할 타이밍인가?' '현재 가격은 어떤가?'라는 의식이 굉장히 강해진다. 스마트폰을 만질 때마다 주가나 환율을 점검하게 되고, 당장 거래하고 싶은 생각에 사로잡히는 경우도 많아진다. 계속 수익이 나면 좋겠지만, 당연히 손해를 보는 경우도 많다. 그럴 때마다 스트레스를 받는다.

게다가 단기 거래에서 많은 포지션을 미국 주식에 가지고 있으면, 자다가 깨어나서 주가를 확인하는 버릇이 생겨 수면이 얕아질 수도 있다.

돈도 중요하지만, 마음이 불안정해지거나 수면이 얕아지는 것은 인생에서 매우 큰 비용을 치르는 셈이다. 만약 이익이 쌓였다고 해도 심신이 피폐하면 보람 있는 날들이라고 하기 어렵다. 하물며 손실이 크게 발생했을 경우의 피해는 정말 커진다.

이런 경험을 통해 지금은 단기 거래를 하지 않고, 여유롭게 매일의 가격 움직임이나 자산 상황을 확인하려고 한다.

장기는 개인 투자자가 유리하다

앞 항목에서 단기 거래는 기관 투자자가 유리하다고 했다. **반면에 장기 투자는 사실 개인 투자자 쪽이 유리한 면이 있다.**

투자 펀드와 연금, 투자신탁 등은 매달 혹독한 실적 평가를 받는다. "10년 후에 꽃피면 되지."라고 느긋하게 있을 수 없다. 몇 개월에서 1~2년 사이에 운용 성과를 내지 않으면 펀드의 인기가 없어지거나 운용자의 보수가 줄어들기도 한다. 운용이 잘되고 있어도 그 펀드에 돈을 맡기는 사람이 돈을 빼기 시작하면 운용자산을 매각해서 돈을 돌려줘야 한다.

가령 금융 불안이 일어나면 패닉 상태에 빠져 펀드에서 자금을 빼내려는 사람들이 몰린다. 그때 펀드 매니저가 '잠깐! 조금만 참으면 1년 후에는 주가가 오를 텐데!'라고 생각해도 고객이 무조건 해지하겠다고 하면 막을 수 없다. 가지고 있으면 오르는 주식이라도 싫든 좋든 매각을 강요받는다. 큰 펀드라면 그 매도가 더 하락을 부르는 압력으로 작용할 수도 있다.

기관 투자자라고 하면 개인 투자자보다 뛰어날 것 같은 이미지가 있지만, 이런 약점도 있는 것이다.

이런 점에서 개인은 어떨까? **만일 운용자산이 단기간에 20% 하락해도 그것이 당장 생활에 영향을 주지 않는 여유 자산이라면 서둘러 팔지 않아도 된다.** "길게 보면 주식은 오를 것이다. 내려가고 있다면 오히려 담담하게 추가 매수하면 다시 돌아올 것이다."라는 자세를 유지할 수 있다.

최근 몇 년간은 코로나 사태 때 주가가 급락했다. 황급히 매도한 전문가도 있지만, **차분하게 추가로 매수했다면 큰 이익**이 되었을 것이다. 2022년에 주가가 많이 하락했지만 2023년에는 크게 상승했다.

자기 자신의 자산이기 때문에 투자 판단의 결정권은 100% 자신에게 있다. 그리고 그것은 일시적이 아니라 10년이든 30년이든 인생이 계속되는 한 무기한이다. 당연한 말이지만, 기관 투자자는 그렇게 할 수 없다.

단기 거래에서는 기관 투자자가 유리한 셈이지만, 장기 투자에서 개인과 기관 투자자는 공평하거나 개인이 더 강한 측면도 있다.

분산 투자는 왕도, 집중 투자는 고위험

만약 지난 몇 년간 미국 주식 테슬라나 엔비디아에 집중 투자했다면 자산이 크게 불어났을 것이다. 나도 '테슬라나 엔비디아를 몇 년 전에 많이 샀다면…….' 하고 상상한 적도 있다.

하지만 그것은 결과론이다. 주가가 장래에 10배가 될 종목을 사전에 높은 확률로 찾는 것은 매우 어렵다. **오히려 소수의 종목에 집중 투자하면 주가가 크게 하락할 때 타격이 커진다.** 보유한 주식의 수를 늘리면 타격을 입을 리스크를 줄일 수 있다.

종목이 10개라면 **만약 종목 하나가 30% 하락해도 전체 자산으로는 3% 하락이다.** 예를 들어 대형주라도 애플, 비자, 화이자, 코카콜라, 디즈니처럼 분산 투자하면 동시에 추락하는 경우는 드물다.

국가와 통화도 분산하자

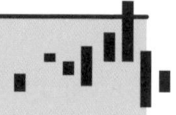

그리고 단순히 주식만 분산하는 것이 아니라 국가와 통화도 잘 분산하는 것이 좋다. 제1장에서 언급했듯이 엔화 약세, 달러 강세가 지속될 경우, 아이폰이든 식품이든 해외여행이든 같은 100만 엔 (1,000만 원)을 내고 살 수 있는 것이 줄어든다. 이 경우에 만약 달러나 유로 등의 외국 통화를 가지고 있으면 이 리스크를 억제할 수 있다.

물론 엔화 강세가 되면 "외화를 보유하지 않는 편이 좋았을 텐데."라고 하겠지만, **모든 자산을 엔으로 가지고 있는 것은 엔화 약세가 되었을 때를 대비하기에 부족하다.**

얼마나 외화로 가지고 있어야 하는지는 자산액, 연령, 가족 구성에 따라 다르지만, 여유 자산의 30~50% 정도가 기준이라고 생각한다. 그렇다면 구체적으로 외국 통화 거래를 하고 싶은 경우 무엇을 해야 할까?

최근에는 미국의 개별 주도 매수하기가 쉬워졌지만, "일본의 개별 주도 뭘 사야 할지 모르는데, 미국 주식이라니……."라고 하는 사람도 있을 것이다. 사실 초보자가 제대로 분산하려고 하면 상당한 노력과 공부가 필요하다. 개별 자산이나 라이프 플랜에 따라 전문가가 조언해주는 서비스도 있지만, 당연히 수수료가 발생한다.

그래서 초보자에게 추천하는 것이 투자신탁이다. 투자신탁에 관해 알고 있는 사람도 많겠지만, 다음에서 간단히 소개하겠다.

투자신탁,
이것만은 알아두자

일본 국민이 가지고 있는 일본 주식(상장주)의 총액은 얼마나 될까? 123조 엔(1,230조 원, 2022년 말)이다. 투자신탁의 총액은 86조 엔(860조 원)이다. 주식에는 미치지 못해도 상당히 폭넓게 보유하고 있음을 알 수 있다. 그만큼 편리하다는 것이다.

분산이 중요하다고 했는데, 많은 종목을 고르고, 주문하고, 관리하는 일은 쉽지 않다. **그것을 어느 정도 맡기는**(신탁) **패키지가 투자신탁이다.** 투자신탁은 투신이라고 줄여서 부르기도 한다.

예를 들어 '닛케이 평균 주가'나 미국의 'S&P500'이라는 말을 들어본 적이 있을 것이다. 각 나라의 대표적인 종목을 묶은 지수다. 투자신탁이란 닛케이 평균이나 S&P500에 등장하는 종목을 묶어서 그것을 소액으로 판매하는 것과 같다.

구체적으로 말하자면 일반 개인은 닛케이 평균이나 S&P500이 선택하는 기업의 주식 수백 종목을 전부 매수할 수는 없다. 그러나 운용사가 애플이나 아마존 등 S&P500 기업의 주식을 대신 사서 그것을 만 엔이라는 소액으로 자르면 많은 사람이 살 수 있다. 적립식으로 1,000엔(1만 원)이나 100엔(1,000원) 단위로 투자할 수 있는 증권 회사도 있다.

최근에는 투자신탁의 수수료가 저렴해지면서 편의성도 높아지고 있다. 장기 투자 및 분산과도 상성이 맞아서 초보자의 첫 단계로 추천한다.

다음 도표는 일본에서 자산 잔고가 많은(인기가 높은) 투자신탁 상위 10개다. 미국 주식에 투자하는 것이 상당히 많아지고 있다.

그다음으로는 망설여질 때 무엇을 사야 좋을지 살펴보자.

5 투자를 시작하자

1	eMAXIS Slim 미국주 S&P500
2	얼라이언스 번스타인 미국 성장주 투자신탁D
3	eMAXIS Slim 전 세계 주식(올 컨트리)
4	SBI V S&P500 인덱스 펀드
5	라쿠텐 전미 주식 인덱스 펀드
6	GESG 하이퀄리티 성장주식 펀드(환헤지 없음)
7	세계 엄선 주식 오픈 〈환헤지 없음〉(매월 결산형)
8	픽테 글로벌 인컴 주식 펀드(매월 분배형)
9	얼라이언스 번스타인 미국 성장주 투자신탁B
10	GS테크놀로지 주식 펀드B(환헤지 없음)

(출처: QUICK FactSet 2023년 12월)

망설여지면
S&P500

어디서부터 손을 대야 할지 모르겠다면 우선 S&P500의 투자신탁을 소액, 적립식으로 시작해보자.

그렇다면 왜 S&P500이 좋은지 설명하겠다. 이유는 크게 두 가지다.

① 알기 쉽다
② 세계 경제 성장의 혜택을 받을 수 있다

S&P500의 상위에 편입되어 있는 것은 애플, 마이크로소프트, 아마존 등 거대 테크 기업이다. 비자, 존슨앤존슨, 코카콜라 등 전

통적인 미국 기업도 포함되어 있다. 해외에 분산 투자를 한다면 **익히 알고 있는 기업에 투자하는 편이 안정감이 있다.** 장기 투자가 되면 더욱 그럴 것이다.

두 번째 포인트는 세계 경제 성장의 혜택이다. 거대한 미국 기업은 미국에서만 돈을 버는 것이 아니다. 여러분이 기업명을 알고 있다는 것에서 알 수 있듯이 전 세계에서 비즈니스를 하고 있다. **즉 세계 경제가 성장하면 미국의 주요 기업도 돈을 벌기 쉽고, 주가도 쉽게 오르는 구도다.** 만약 일본 경제가 뒤처진다 해도 미국 주식에 투자하고 있다면 세계 경제 성장의 혜택을 받을 수 있다.

투자신탁에는 S&P500 이외에도 미국 주식 전체나 올 컨트리라고 불리는 전 세계의 주식을 대상으로 한 것도 인기가 있다. 이런 것에서도 거의 같은 효과를 얻을 수 있다. 미국 기업뿐 아니라 유럽이나 아시아 기업에도 분산하고 싶은 사람은 전 세계형을 선택하는 방법도 있다.

이러한 투자신탁을 사면 해외의 주식을 보유함과 동시에, 자산이 기본적으로 달러 등 외화로 표시된다(환율의 영향을 받지 않는 투자신탁도 있다). 따라서 통화의 분산도 할 수 있다.

스스로 운용 경험을 쌓으면 채권, 부동산, 원유 등 다양한 상품에 분산 투자해 보는 것도 좋다. 다만 첫 단계부터 그렇게까지 계획을 짜기는 힘들다. **우선은 S&P500이나 전 세계 주식을 조금씩 적립하면서**

운용 감각을 익히는 것이 좋을 것이다.

전 세계 주식은 2023년 12월 기준으로 미국이 60% 정도를 차지하고 있다. 폭넓은 나라로 분산되지만, 선진국 비율이 높고, 장기적으로는 S&P500과 수익 면에서 비슷한 움직임을 보인다.

수수료가 높은 투자신탁이 좋다고 할 수 없다

투자신탁에는 크게 두 가지 수수료가 있다.

1. 판매 수수료

2. 신탁 보수

1의 판매 수수료는 투자신탁을 살 때 내는 수수료다. 무료인 경우도 있고, 3%라는 금액이 드는 경우도 있다. **은행 창구 등 사람을 통해서 구입하면 수수료가 높아지는 경향이 있다.**

2의 신탁 보수는 운용 비용이다. 많은 종목을 묶어 매일 관리하고 있는 만큼 신탁 회사에 연 ○%의 비용을 지불한다.

들어가는 비용에도 차이가 있는데, 닛케이 평균이나 S&P500과 같은 주가지수 투자신탁은 0%대 전반으로 저렴한 것이 많다. 한편, 전문 펀드 매니저가 종목을 선별하는 '액티브'라고 불리는 투자신탁의 경우, 닛케이 평균이나 S&P500와는 달리 연간 몇 퍼센트의 신탁보수가 들어가는 경우가 있다.

여기서 주의해야 할 점은 전문가가 엄선했다는 식의 설명이 있으면 실적이 매우 좋은 것처럼 보인다는 것이다. 물론 S&P500 등의 주가지수를 웃도는 실적을 내는 액티브 투자신탁도 있지만, **사실 주가지수보다 성적이 나쁜 투자신탁도 많다.** 과거 장기간의 실적을 봐도 "액티브 쪽이 성적이 좋다." "신탁보수가 높은 투자신탁 쪽이 실적이 좋다."라고 할 수 없다.

여기서 기억해야 할 것은 신탁보수는 명확한 비용의 차이로 매년 부담이 될 수 있다는 점이다. 만약 신탁보수가 3%라면 단순 계산으로 10년간 30%나 수수료로 빠지는 셈이다.

액티브 투자신탁을 일률적으로 악당 취급할 생각은 없다. 그 투자신탁의 운영 방침에 깊이 공감한다면 수수료를 감수하고 구매하는 것은 좋은 일이다.

다만 장기 투자가 되면 수수료를 결코 무시할 수가 없다. 또한 퇴직금을 모아서 투자신탁을 구매하는 경우 수수료의 총액이 매우 커지기 때문에 주의해야 한다.

투자신탁을 살 때는 판매 수수료와 신탁보수를 잘 확인하자. 다시 말하지만, **저렴한 것은 판매 수수료 제로, 신탁보수가 연 0.1% 정도다. 그리고 수수료가 비싸다고 좋은 것은 아니다.** 다른 투자신탁과 비교하지 않고, 판매원의 권유대로 투자신탁을 구매하는 것은 피해야 한다.

시간도
분산한다

NISA의 보급과 함께 적립식의 이용이 상당히 확대되었다. 문자 그대로 일정 빈도로 적립하는 방법이다. 적립식은 투자 타이밍을 생각하지 않고, 차분하게 꾸준히 투자한다. 이 때문에 투자에 별로 시간을 낼 수 없는 사람에게 편리하다.

그리고 또 하나 중요한 포인트가 있다. 적립식은 **구매 타이밍도 분산할 수 있다는 점이다.** 만약 투자신탁의 가격이 최고점에 가까운 지점에서 투자신탁 구매에 큰돈을 사용했다면 나중에 가격이 내려갔을 때 자산의 회복에 시간이 걸릴 수 있다.

물론 가격이 바닥일 때 큰돈을 들여 살 수 있다면 큰 이익을 볼 수 있겠지만, **그것은 전문가도 판별하기가 어렵고, 운에 좌우되는 면이**

강하다.

매월 일정 금액을 사기로 정하면 비싼 가격으로 많은 양을 사는 위험을 줄일 수 있다. 가령 **단순하게 20년 동안 계속 적립을 한다면 20년 동안의 평균 가격이 구매 단가에 가까워진다.**

주가나 투자신탁은 수십 년이라는 긴 안목으로 보면 오를 가능성이 높다고 했다. 그렇다면 적립식으로 꾸준히 투자하면 장기적으로 보상을 받을 가능성도 커진다.

2023년까지의 적립식 NISA는 연 40만 엔(400만 원)까지였지만, 2024년부터의 신 NISA는 적립식 투자 범위, 성장 투자 범위를 합한 연간 상한이 360만 엔(3,600만 원)이 된다.

월 환산으로 30만 엔(300만 원)이나 되는 세제 혜택이 있는 것이다. NISA를 활용해 매월 여유 자금의 일부로 투자신탁을 매입하는 일은 초보자가 편하게 시작할 만한 투자 방법이다.

해외에 투자한다면 환율도 의식하자

미국 주식에 투자한다면 자산의 일부가 자동으로 달러 표기가 된다. 2020년 초 S&P500 연동 투자신탁(엔 표기)을 구매한 경우, 어떻게 되는지 생각해 보자. 2023년 12월 15일 시점에서 S&P500은 46% 상승했다. 동시에 최근 34엔(340원) 정도 엔화 약세·달러 강세가 진행 중이다. 표와 같이 엔화 환산으로 보면 상승률은 91%가 된다.

엔화 약세가 진행되면 해외 자산은 엔화로 환산했을 때 가치가 상승한다. 반대로 엔화 강세가 되면 해외 자산은 엔화로 환산했을 때 가치가 하락한다. 해외 주식의 투자신탁을 적립식으로 투자하다 보면 FX나 외화 예금을 하지 않아도 환율의 변동이 자산에 크

100만 엔의 S&P500은?

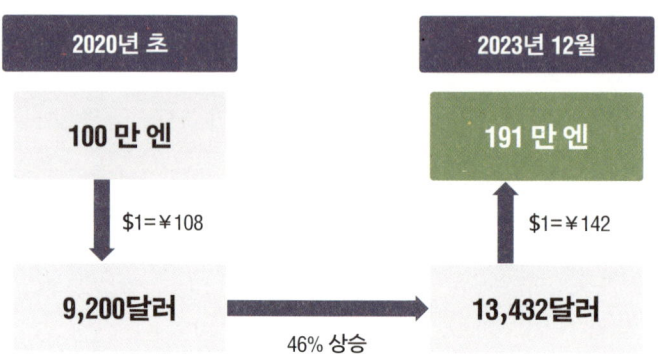

2020년 초	2023년 12월
100 만 엔	**191 만 엔**

$1=¥108

$1=¥142

9,200달러 → **13,432달러**

46% 상승

S&P500, 엔으로 환산하면

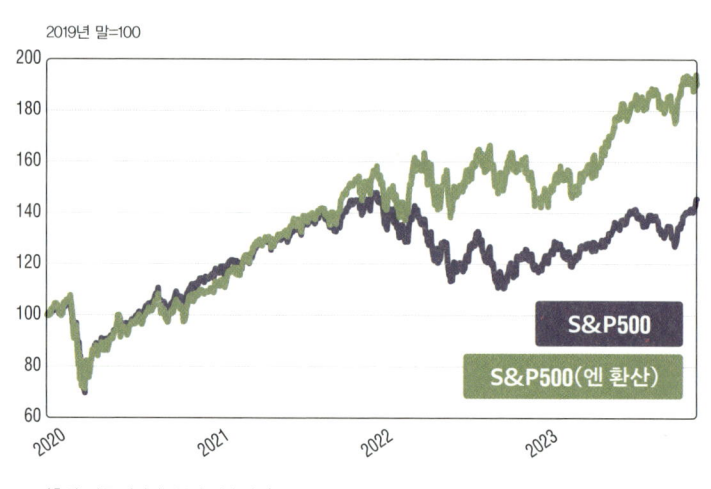

2019년 말=100

S&P500

S&P500(엔 환산)

(출처: 각종 데이터로부터 저자 작성)

게 영향을 준다.

따라서 '환율 변동은 내 생활에 별로 상관없어.'라고 생각할 것이 아니라 자기 일처럼 뉴스를 보는 것이 중요하다. 그런 의식을 쌓아가다 보면 제3장에서 이야기한 금융정책도 서로 맞물려 지식과 호기심이 유기적으로 연결되어 간다.

SNS 정보를 그대로 믿지 말고 스스로 판단한다

X^{Twitter}와 유튜브에서 적극적으로 활동하는 사람으로서 말하기 조금 그렇지만, SNS에 있는 정보는 옥석을 가리기 어렵다. X나 유튜브에는 사람들의 관심을 끌어 팔로워 수나 조회수를 증가시키려는 사람이 많다.

그리고 관심을 끌기 위해서 '필승 주식' '주식 폭락' 등 강렬한 표현이나 이미지를 만드는 사람이 많아지는 것은 당연한 결과다.

그러나 금융시장은 제1장에서 이야기했듯이 다양한 투자자들이 얽혀 있는 치열한 줄다리기의 현장이다. 한 유튜버가 단언한 것이 반드시 실현된다고 할 정도로 간단한 것이 아니다.

투자 초보자는 직함이 훌륭해 보이는 사람이나 팔로워나 회원이 많은 사람을 보면 '이 사람은 뭐든지 알고 있고, 투자에서 이기는 방법도 지적해줄 거야.'라고 생각하기 쉽다. 그러나 직함이 훌륭하든 팔로워가 많든 운용을 잘한다고는 할 수 없다.

그리고 시장은 오래 경험하면 할수록 단정하기가 더 어려워진다. "지금이 주가의 바닥." "지금부터 상승하는 종목은 ○○."이라는 식으로 **단정하는 사람은 시장의 경험이 얕거나 자기 자신의 전망이 맞을지 모르면서도 과장하고 있는 경우가 대부분이다.**

하나 더 덧붙여 보겠다. 정말 자신의 투자에 자신이 있다면 굳이 그 방법을 X나 유튜브에 공개하지 않는다. 오히려 투자에 자신이 있는 사람은 자신의 시세 관측을 남에게 보여주고 싶어 하지 않는다. **그리고 정말 투자로 거액의 이익을 얻고 있다면 유튜브 광고 수입도 필요하지 않을 것이다.**

주가가 급상승하고 있을 때는 주식 투자를 하지 않는 사람을 경멸하는 트윗이 늘어나거나, 반대로 주가가 급락하고 있을 때는 경제의 붕괴 시나리오를 말하는 트윗도 늘어나는 경향이 있다.

SNS의 정보는 진자의 움직임처럼 실제 이상으로 정보가 과장된 경우도 많다. 같은 정보 발신자라도 몇 달 전과 정반대의 투자 전략을 아무렇지 않게 호소하는 사람도 있다. 개중에는 하는 말이 매주 오락가락하는 인플루언서도 있다.

SNS는 편리한 도구이지만, 결코 그대로 받아들이지 말고 기업의 정보

제공, 전문가의 서적, 보도, 증권 회사의 투자 정보 등 폭넓은 정보원을 접한 뒤에 균형을 잡고 자기 생각으로 경제나 시장의 상황을 파악하는 것이 중요하다.

중요한 것은 눈앞의 주목보다
장기적인 신뢰

내 note에서 정보를 제공하는 자세에 대해 조금 이야기를 하고자 한다.

2023년 말 시점에서 유료 회원은 2만 5,000명 정도 있다. 솔직히 말하자면 2022년 7월에 시작한 지 반년 만에 2만 명을 넘어서 2023년 전반은 증가 속도가 느려졌고, 2023년 후반은 거의 제자리걸음을 해서 한계점에 다다른 시점이다.

일반 기업이라면 신규 회원 유치에 힘을 쏟을 것이다. 하지만 나는 신규 회원을 얻기 위해 무리하지 않으려고 한다. 신규 가입을 일단 늘리려고 하면 사람들의 이목을 끌도록 과장된 내용을 쓰거나 이득이라는 느낌을 필사적으로 어필하게 된다. 결국 내 능력 이상으로 기를 쓰는 상황에 이른다.

하지만 그렇게 가입을 시켰다고 해도 가입자에게 곧 있는 그대로의 모습을 보이게 된다. 과장해서 보여준 능력은 오래 지속될 수 없기 때문이다. 회원 역시 가입 전에 본 모습과 가입 후의 모습에 차이가 있다면 결국 이탈하게 될 것이다.

계속 능력을 부풀려 과장해서 말하는 방법도 있을지도 모른다. 하지만 항상 과장해서 주장하다 보면 내용에 모순이나 억지가 생겨난다. 마치 늑대 소년처럼 신뢰를 잃게 되는 것이 아닐까 싶다.

오히려 '기존 회원을 어떻게 만족시키고, 신뢰를 쌓아나갈 것인가'에 초점을 맞추려고 한다. 다시 말해 5년 후, 10년 후에도 '어떤 국면에서도 고토 씨의 기사는 부추기는 내용이 없었기 때문에 신뢰할 수 있다.'라는 믿음을 주는 것을 목표로 삼고, 목표에 맞춰 매일 기사를 쓰고 있다.

발신자와 독자의 신뢰가 오래 지속되면 내가 독자의 니즈를 파악하기 쉬워지고, 나 자신이 전하고 싶은 것을 독자도 더 깊이 이해하게 된다. note 회원과는 오프라인 모임이나 프로그램 녹화도 자주 하는데 만나서 이야기를 나눈 사람이 누계로 1,000명 가까이 된다.

회원 수나 매출액이 많은 것보다 더 좋은 것은 없다. 다만 생활이나 사업을 안정적으로 유지할 수 있다면 무리한 수익 추구는 불

필요하다. 오히려 '돈 벌기'의 우선순위를 확 내려야 콘텐츠나 커뮤니티 운영이 잘된다고 요즘 느끼고 있다.

경제 정보의 발신을 생업으로 하고 있는데, 내 운영이 자본주의적이지 않다는 점이 조금 이상할 수도 있다. 다만 꾸밈없는 지속적인 신뢰 구축이 나에게 가장 쾌적하며, 정답이라는 마음이 든다. 지금은 그렇게 정리하면서 매일 note를 운영하고 있다.

개별주 투자가 주는 배움과 재미

나는 투자신탁도 가지고 있지만, 일본이나 미국의 개별주에도 각각 10종목 이상 투자하고 있다. 자산을 형성한다는 의미에서는 투자신탁만으로도 충분하다고 본다. 그래도 개별주에 투자하는 것은 투자신탁에는 없는 배움과 재미가 있기 때문이다.

말할 것도 없이 각 기업은 강점도 약점도 있고, 여러 가지 불확실한 요소 속에서 날마다 경영 판단을 내린다. **개별주에 투자한다는 것은 그 기업을 응원하는 것과 동시에 당사자가 된다는 의미가 있다.** 비록 운용자산의 극히 일부지만, 장기 보유를 목적으로 그 기업의 주식을 갖고 있으면 애착이 생기고, 그 기업의 뉴스가 나오면 민감해진다.

제1장에서 주식 투자를 하면 전 세계의 뉴스가 내 일처럼 이해가 깊어진다고 했다. 개별주라면 그 기업이나 업계를 단숨에 깊이 이해하게 되는 것이다.

어느 기업의 주식이 오를지 간파하는 것은 전문가도 어렵다. 그래서 '오를 주식을 알아차리는 필승법'은 존재하지 않으며, 이 책에서는 그런 취지의 이야기는 하지 않았다. 다만 **응원하고 싶은 기업, 관심 있는 기업, 내가 다니는 회사와 관련된 기업의 주식을 사는 것은 시세 차익과는 또 다른 혜택이 있다고 생각한다.**

그 기업을 둘러싼 경영 환경, 기술 혁신, 다양성이나 탈탄소에 대응하는 모습 등을 폭넓게 알고, 문제의식이 깊어지면, 비즈니스 종사자에게 유용한 일반 교양이 된다.

최근에는 10만~30만 엔 정도로 1단위(100주 등)의 주식도 매수할 수 있는 예가 증가하고 있다. **투자신탁을 축으로 하면서도 때때로 개별주를 사서 보유 종목을 몇 종목으로 늘려 가는 것은 분산이라는 측면에서 봐도 문제가 없을 것이다.**

어떤 종목을 살지 생각할 때는 '**응원하고 싶은 기업**'이라는 것을 먼저 떠올려야 한다. 구체적인 이유는 '사회 과제의 해결에 기여하는 기업이라서' '다양성을 중시하고 있어서' '몇십 년이나 사업을 제대로 계속해서 앞으로도 기대할 수 있어서' 등 제각각일 것이다. 평소 사용하는 상품, 서비스가 좋다는 것도 훌륭한 이유가 된다.

그리고 그 기업의 주가는 어떤 움직임을 해왔는지, 경쟁사에 비해 시가총액은 어떤지 살펴보면 점점 종목 선택이 흥미로워진다.

게다가 흥미가 있는 기업의 IR(투자자용 홍보) 웹사이트에 가 보면 좋다. 상장 기업이라면 인터넷에서 '기업명 IR'로 검색하면 웹사이트가 나온다. 상장 기업은 개인 투자자를 포함해 폭넓은 투자자에게 회사의 상황을 이해시키려고 노력한다.

결산 발표회의 설명 자료는 파워포인트 등으로 보기 쉽게 정리하는 예가 많다. 통합 보고서에는 수익적인 측면만이 아니라 기업의 비전이나 인재 활용 등 다양한 대응도 알기 쉽게 설명되어 있다. 이렇게 기업의 상황을 배우는 것은 주식 투자뿐 아니라 학생의 구직 활동이나 사회인의 이직을 위한 식견으로도 이어질 수 있다.

최근 5~10년 정도에 미국의 개별주 투자도 일본에 상당히 보급되었다. 일본 주식보다 거래 수수료가 조금 더 들지만, 거래는 일본 주식만큼 간편하게 할 수 있다. 몇만 엔으로 투자할 수 있는 주식도 많다. 애플 등 일본인에게 친숙한 기업이 많고, 미국의 주요 기업 정보도 일본어로 얻기 쉬워졌다.

미국 기업들도 당연히 IR 활동을 제대로 하고 있다. 영어만 있는 경우가 많지만, 최근에는 자동 번역을 사용하면 영어가 서툰 사람도 정보에 직접 접근하기 쉽다.

전 세계 시가총액 상위 10개 사 중에서 최근 8~9개 정도는 항상 미국 기업이다. 계속 혁신을 만드는 국가 기업에 투자하면 AI와 VR, 자율주행 등의 뉴스에 대한 민감도가 급격히 올라간다.

이 책에서는 '투자는 자산 형성뿐 아니라 교양이 된다'는 것을 일관되게 전달해 왔다. 초보자 단계에서는 우선 NISA(한국의 ISA-옮긴이)를 활용한 투자신탁의 적립을 추천하지만, 나중에는 일본이나 미국의 개별 기업 주식을 사서 투자의 묘미를 느껴 보기를 바라는 것이 개인적인 생각이다.

맺음말

"고토 씨는 경제 이야기를 하면 재미있을 것 같아요."라는 이야기를 자주 들었다. 이런 칭찬을 받으면 매우 기쁘다. 마음이 설레는 것은 일을 하는 데 매우 중요하다고 생각하기 때문이다.

일은 인내하면서 하기보다 즐겁게 해야 지속할 수 있다. 본인이 설렘을 느끼고, 그 에너지가 자연스럽게 밖으로 넘치면 고객에게도 전해질 것이다. 그러다 보면 좋은 반응이 돌아오고, 점점 더 설레는 선순환이 생긴다.

투자의 세계는 여러 가지 요인이 복잡하게 얽혀 어지럽게 움직이고, 그것은 주가나 환율 같은 숫자로 귀결된다. 그 안에는 수많은 인간 드라마가 담겨 있다. 이런 소설은 쓰려고 해도 쓸 수가 없다.

나날이 격변하기 때문에 '이 한 권을 읽으면 투자의 모든 것을 알 수 있는 결정판'이라는 책을 만드는 것은 불가능에 가깝다. 그렇기 때문에 이 책에서는 내가 경제나 투자에 설레는 이유를 전하고자 했던 측면도 있다.

설렘을 공유하면 자연스럽게 투자를 접하고, 경제 정보를 보게 된다. 사회를 자신의 눈과 머리로 파악하고, 적당한 리스크도 감수하면서 행동에 옮길 수 있다.

원래는 자산 형성, 필요한 교양이라는 실리적인 이유로 투자의 문을 여는 사람이 대부분일 것이다. 다만 note의 많은 회원과 이야기하고 있으면, 자산 형성이나 교양을 넘어 투자를 통해 여러 가지 지식이 연결되어 가는 것에 순수한 기쁨을 느낀다는 것을 알 수 있다.

《투자의 교과서投資の教科書》라는 제목 위에 '전환의 시대에서 살아남는'이라는 말을 붙였다(원서 제목과 부제-옮긴이). 가격 인상, 임금 인상, 백 세 시대, 이직, 부업, 리스킬링. 일본의 경제·사회는 십여 년 전에는 볼 수 없었던 격변이 일어나고 있다.

전환의 시대를 두려워하며 현상 유지를 하려고만 하면 시대에 뒤떨어진다. 설렘을 느끼고 전환의 시대를 마주하면서 행동할 수 있는 사람이 늘어나면 세상은 더 밝고 재미있을 것이다. 그런 의식 변화에 이 책이 조금이라도 도움이 되기를 바란다.

최소한의 투자 공부

1판 1쇄 인쇄 2025년 11월 17일
1판 1쇄 발행 2025년 11월 25일

지은이 고토 다쓰야
옮긴이 정지영

발행인 양원석 **편집장** 권오준
디자인 조윤주, 김미선 **영업마케팅** 조아라, 박소정, 김유진, 원하경, 정민지
해외저작권 임이안

펴낸 곳 ㈜알에이치코리아
주소 서울시 금천구 가산디지털2로 53, 20층 (가산동, 한라시그마밸리)
편집문의 02-6443-8830   **도서문의** 02-6443-8800
홈페이지 http://rhk.co.kr
등록 2004년 1월 15일 제2-3726호

ISBN 978-89-255-7292-5 (03320)